U0732293

编委会

主　编　笑　虓
副主编　谢　雁　张　玺

留学广州

主编 笑虓

暨南大学出版社
JINAN UNIVERSITY PRESS

中国·广州

图书在版编目（CIP）数据

留学广州/笑虓主编 . —广州：暨南大学出版社，2023.12
ISBN 978-7-5668-3754-7

Ⅰ.①留… Ⅱ.①笑… Ⅲ.①汉语—对外汉语教学—教材②广州—概况
Ⅳ.①H195.3②K926.5

中国国家版本馆 CIP 数据核字（2023）第 155593 号

留学广州
LIUXUE GUANGZHOU
主　编：笑　虓

出 版 人：阳　翼
责任编辑：姚晓莉　王熳丽
责任校对：刘舜怡　黄子聪
责任印制：周一丹　郑玉婷

出版发行：暨南大学出版社（511443）
电　　话：总编室（8620）37332601
　　　　　营销部（8620）37332680　37332681　37332682　37332683
传　　真：（8620）37332660（办公室）　　37332684（营销部）
网　　址：http：//www.jnupress.com
排　　版：广州市广知园教育科技有限公司
印　　刷：佛山市浩文彩色印刷有限公司
开　　本：787mm×960mm　1/16
印　　张：10.5
字　　数：160 千
版　　次：2023 年 12 月第 1 版
印　　次：2023 年 12 月第 1 次
定　　价：58.00 元

（暨大版图书如有印装质量问题，请与出版社总编室联系调换）

前　言

　　编写一本汉语口语教材，是我 2012—2014 年在国外担任公派教师的过程中萌发的一个想法。出国前，国家汉办给了我们不少教材，供我们在国外教学时使用。等到真正使用时，实际比较了几本"博雅汉语"系列教材，我发现很难找到一本让自己满意的。

　　我的初衷是编写一本供初学者学习，难度呈缓慢上升趋势，不要太为难学生，也不要太为难老师的口语教材。然而，这本教材编写出来，与我最初的想法又相去甚远，最主要的原因是我们国家的发展日新月异。当我结束两年国外教学，回到国内时，微信已经非常流行，而我却不了解。随后几年，共享单车、优步、扫码支付等，几乎一夜之间风靡全国，还有 K11 这样的高端购物艺术中心成为普通人经常踏足的场所，我国提出的"一带一路"倡仪将中国与世界各国紧密地联系在一起。这些变化让我眼花缭乱，使我内心充满了对祖国的自豪和热爱。再加上广州这座千年古城本身深厚的文化传统底蕴，单说"吃"吧，都说"民以食为天"，这在广州就体现得淋漓尽致：一早起来可以喝早茶，晚上和三五知己去吃宵夜，一天当中还有各种"靓汤"滋润着你的胃，大街小巷到处都有美食……"玩"就更多了，你可以带孩子去珠江夜游，到长隆和野生动物来一次亲密接触，过年时的花市早已经闻名中外，南越王墓会"告诉"你广州曾经拥有的繁荣历史……另外，各色琳琅满目的商品一定会让你满载而归、不虚此行。

　　所有这一切，促使我编写了现在这本教材。因为涉及的内容，我把它的对象设定为中级汉语口语学习者。希望外国留学生通过学习本教材，可以更好地了解广州、了解中国。

　　因为时间比较仓促，编者水平有限，可能会有不尽完善的地方，希望大家批评指正！

笑　虓

2023 年 11 月 16 日于广州

主要人物：

张栋（Zhāng Dòng）：中国人，刚刚参加工作。

阿龙（Ālóng）：意大利留学生，性格活泼。

田中（Tiánzhōng）：日本留学生，性格比较内向沉稳。

伊莲娜（Yīliánnà）：俄罗斯留学生，性格热情开朗。

目 录 CONTENTS

留学
广州

001　　前　言

002　　第一课　　　喝早茶

010　　第二课　　　喝汤

018　　第三课　　　大排档

026　　第四课　　　中国人的"可口可乐"

032　　第五课　　　高铁——和谐号

040　　第六课　　　城市的地铁

048　　第七课　　　BRT

056　　第八课　　　一德路——玩具礼品

064　　第九课　　　西关美食

072　　第十课　　　古老的街道——北京路

080　　第十一课　　云山珠水

088　　第十二课　　刺激的一天

096　　第十三课　　逛花市

104　　第十四课　　广交会——广州的城市名片

112　　第十五课　　热闹的火车站——各种各样的批发市场

120　　第十六课　　五羊的传说

128　　第十七课　　人人都是"靓仔""靓女"

136　　第十八课　　带什么"手信"回家?

142　　词语总表

留学广州

热身练习

1. 说一两样你喜欢的本国美食。

2. 来中国之前，你知道哪些中国美食？

3. 你最喜欢吃什么中国美食？

第 一 课

喝早茶

（阿龙、田中、伊莲娜都是在广州学习汉语的留学生，他们分别来自意大利、日本和俄罗斯。在来中国之前，阿龙已经在网上认识了一个中国网友张栋。今天一大早，张栋就约阿龙、田中、伊莲娜出去。）

阿　龙：张栋，今天是星期六，为什么这么早出去？（一边说，一边还打着哈欠）

张　栋：当然了，我今天想带你们去广州酒家喝早茶。那里特别"旺"，如果不早点去，就没位置了。

伊莲娜：王？你说"王"是什么意思？

田　中：你发的音不对，张栋说的是"旺"，是四声，不是二声。张栋，我试着猜一下，你说的"旺"是不是生意好的意思？

张　栋：你说的没错！我们说一个地方生意好，人很多，就说"旺"。现在是 7 点 50 分，我们到那儿大概是 8 点 10 分，应该来得及。

阿　龙：我肚子有些饿，我看我们先吃点东西再去喝茶吧！

田　中：（皱皱眉）是啊，在我们国家，早上喝茶前一定要吃些东西，不然对身体不好。

张　　栋：（差点笑出来，但马上又装出很严肃的样子）不行，
　　　　　在广州，你们听我的就好了。

（到了广州酒家，人已经比较多了，服务员带他们找了一个靠
窗的位置。刚一坐定，张栋就叫来服务员，轻声说了几句。不一会
儿，服务员端来了一壶茶、两碟点心。）

张　　栋：你们看，这就是广州人常说的"一盅两件"。

伊莲娜：什么意思？

张　　栋：就是说，一般广州人来喝早茶，一个人要这几样东西
　　　　　就行了。"一盅"就是一壶茶，"两件"就是两碟点
　　　　　心。不过，今天我们是四个人，这些当然是不够的，
　　　　　我再点一些。

田　　中：啊，我明白了，你们说的"喝早茶"，不光是喝茶，
　　　　　还有点心吃。

阿　　龙：哈，这下我们就不用担心饿肚子了！

张　　栋：是啊。不过，田中，你只说对了一部分。广州人喝早
　　　　　茶，不仅有点心，还有各式菜肴可供选择，像白云凤
　　　　　爪、牛肉丸、山水豆腐、云吞鸡、脆皮金沙鹅、肠粉
　　　　　等等，种类可多了。

伊莲娜：太好了！很好吃，而且也很好看！我想把它们都拍下
　　　　　来，让我的妈妈也看一看。（说着拿出手机）

田　　中：我还有个问题，我们都是学生，钱不多，像刚才的
　　　　　"一盅两件"，大概要多少钱？

张　　栋：广州酒家因为比较有名，所以会贵一点。在一般的酒
　　　　　家喝早茶，一个人大概几十块钱就可以了。

阿　龙：在我们国家，人们习惯喝下午茶。

伊莲娜：在我们国家也是这样的。

张　栋：在广州，除了早茶，还有下午茶、夜茶呢！一般都在
　　　　下午2点和晚上9点以后。所以，你们应该听过一句
　　　　话，就是……

（不等张栋说完，其他三人异口同声地说："食在广州！"）

生词

1. 早茶	zǎochá	（名）	早晨吃的茶点
2. 网上	wǎngshàng	（名）	互联网
3. 网友	wǎngyǒu	（名）	通过互联网交往的朋友，也用于网民之间的互称
4. 一大早	yídàzǎo	（副）	早上
5. 哈欠	hāqian	（名）	想睡觉时深深吸气然后呼出
6. 酒家	jiǔjiā	（名）	饭馆
7. 旺	wàng	（形）	生意好
8. 音	yīn	（名）	声音；读音
9. 四声	sìshēng	（名）	普通话的声调，指去声（读降调，符号是"ˋ"）
10. 皱眉	zhòuméi	（动）	眉头皱起来，多是为难、不满、生气或思索等的表情。这里是因为听不懂，脸上做出的表情
11. 严肃	yánsù	（形）	（神情、气氛等）使人感到敬畏的。这里指脸上不笑，样子让人有些紧张

12. 轻声	qīngshēng	（形）	小声
13. 端来	duānlái	（动）	平举着拿来
14. 盅	zhōng	（名）	饮酒或喝茶用的没有把儿的杯子。这里是一壶茶的意思
15. 样	yàng	（量）	品种，表示事物的种类
16. 明白	míngbai	（动）	知道；了解
17. 哈	hā	（叹）	表示得意或满意（大多叠用）
18. 这下	zhèxià	（代）	这样
19. 一部分	yíbùfen	（名）	整体中的局部；整体里的一些个体
20. 各式	gèshì	（代）	不同品种
21. 菜肴	càiyáo	（名）	经过烹调供下饭下酒的蔬菜、蛋品、鱼、肉等
22. 等等	děngděng	（助）	还有很多
23. 除了	chúle	（介）	表示所说的不包括在内
24. 异口同声	yìkǒu-tóngshēng		形容很多人说同样的话
25. 食(方言词)	shí	（动）	吃

专有名词

菜名

1. 白云凤爪　　　　báiyún fèngzhǎo

2. 牛肉丸　　　　　niúròuwán

3. 山水豆腐　　　　shānshuǐ dòufu

4. 云吞鸡　　　　　yúntūnjī

5. 金沙鹅　　　　　jīnshā'é

6. 肠粉　　　　　　chángfěn

地名

1. 广州　　　　　　Guǎngzhōu

2. 意大利　　　　　Yìdàlì

3. 日本　　　　　　Rìběn

4. 俄罗斯　　　　　Éluósī

5. 中国　　　　　　Zhōngguó

练习

一、课文部分

（一）用正确的语调朗读下列句子

1. 今天是星期六，为什么这么早出去？

2. 那里特别"旺"，如果不早点去，就没位置了。

3. 我试着猜一下，你说的"旺"是不是生意好的意思？

4. 我肚子有些饿，我看我们先吃点东西再去喝茶吧！

5. "一盅"就是一壶茶，"两件"就是两碟点心。

6. 啊，我明白了，你们说的"喝早茶"，不光是喝茶，还有点心吃。

7. 哈，这下我们就不用担心饿肚子了！

8. 太好了！很好吃，而且也很好看！

（二）回答下列问题

1. 阿龙说："为什么这么早出去？"这句话带有什么语气？

2. 阿龙为什么打着哈欠？

3. 请解释一下"一盅两件"的意思。

4. 在广州，"喝早茶"仅仅是喝茶吗？还有其他食物吗？

5. 伊莲娜喜欢喝早茶吗？她是怎么表现的？

6. 在一般的酒家喝早茶，一个人大概要花多少钱？

7. 在广州，除了早上，还有什么时间可以喝茶？

二、词语部分

（一）写出下列词语的读音，然后填空

> 打哈欠　　旺　　来得及　　饿肚子　　一般
> 不仅（不光）……还有　　大概　　习惯　　异口同声

1. 他们几个昨天睡得晚，今天来不及吃早餐，看来要（　　　　）了！

2. 从这里打的过去，车费（　　　　）十几块钱就够了。

3. 你看阿龙，今天起得早，他就不停地（　　　　）。

4. 上星期我们去了一家饭店吃饭，那里可"（　　　　）"了，我们排队等了一个多小时。

5. 马上就要上课了，我们赶快跑，应该（　　　　）。

6. 老师问大家："你们愿意周末补课吗？"同学们（　　　　）地回答："不愿意！"

7. 这个市场商品可丰富了！（　　　　）有蔬菜水果，（　　　　）各种海鲜。

8. 这家饭店东西不太便宜，味道也很（　　　　）。

9. 老人家大都（　　　　）早起，不像年轻人那样贪睡。

（二）用下列词语造句

> 特别　　试着　　当然　　种类　　而且

三、讨论题

1. 你们觉得，在广州喝早茶贵吗？

2. 在你们国家，吃一顿饭一个人大概要花多少钱？

留学
广州

热身练习

1. 你们国家的人喜欢喝汤吗？是饭前喝还是饭后喝？

2. 你在广州喝过汤吗？有什么感觉？

第二课

喝汤

（张栋家住在郊区，周末他邀请阿龙、田中、伊莲娜去他家里吃饭。吃饭前，张栋妈妈给每人先盛了一碗汤。）

阿　龙：真好喝！我来广州快一个月了，总有人告诉我，要多喝汤。我一直都不在意，原来这么好喝，看来我要多喝点儿！

张　栋：阿龙，我们不仅是因为汤好喝才喝的。因为广州气候比较潮湿，湿气重，所以一定要多喝点汤来补充水分。当然味道也是很重要的！

阿　龙：你的意思是说，喝汤是为了身体健康。那广州人天天喝汤吗？

张　栋：广州是个移民城市，有许多本地人，也有很多外地人。本地人每天晚饭基本上都会喝汤，外地人在广州生活久了，也会受感染的。我的许多同学来自北方，他们现在比我更喜欢喝汤。

伊莲娜：我觉得这个汤有种特别的味道，可我又说不出来。

田　中：嘴里有点麻麻的感觉。

张　　栋：你的感觉没错，因为汤里放了花椒，主要是为了调味
　　　　　儿的。希望你们一会儿都有一个好胃口。

阿　　龙：啊，这就像我们意大利人饭前喝的开胃酒一样！

田　　中：在我们日本，很多人早上常吃米饭酱汤。味道也很
　　　　　好，而且做起来也很方便。

伊莲娜：在俄罗斯，我妈妈常给我做红菜汤。不过做这个汤每
　　　　　次都要花一个多小时。

张　　栋：在广州，如果有时间，人们常常会煲老火靓汤。

伊莲娜：什么叫"老火靓汤"？

张　　栋：我们一般用瓦煲来煲汤，就是大火烧开后，再用小火
　　　　　煲两三个小时，这就是老火靓汤。食物的精华全在里
　　　　　面，这样的汤喝起来才叫美味呢！就像今天的汤，我
　　　　　妈妈煲了三个小时呢！

阿　　龙：如果天天这样，那妈妈一定很辛苦！

张　　栋：确实如此。不过为了满足口腹之欲，也没办法，我们
　　　　　习惯了，不喝不舒服。

伊莲娜：什么叫口腹之欲？

张　　栋：（笑着）简单来说，就是对美食的欲望。

田　　中：如果没那么多时间又想喝汤怎么办？

张　　栋：那就做"滚汤"，把材料放进水里，一烧开就喝。

伊莲娜：中国人在吃的方面那么讲究，我想，喝的汤也应该有
　　　　　很多种，是吗？

张　　栋：是的。因为天气的原因，我们每个季节喝的汤都不太
　　　　　一样。现在是秋季，气候比较干燥，人们常常会感到

鼻子、嘴巴比较干，甚至还会出现皮肤干裂的
现象……

（没等张栋说完，伊莲娜就急忙喊起来。）

伊莲娜：你们看看我的皮肤，很不舒服！

张　栋：（笑着说）因此，能清热润肺的汤是秋季的最佳选择。
而且，中国人的饮食往往和养生联系在一起。许多汤
里都会放中药进去，来达到强身健体的目的。广州还
有一个清平市场，是专门卖煲汤用的中药的。

阿　龙：啊，真没想到，喝汤都会有这么多学问！以后我们也
要好好学学。

张　栋：好啊，如果你们想学，我们有一个专门的"煲汤网"，
上面有很多煲汤的方法，我把它推荐给你们，你们一
定会得到满意的答案的。

生词

1. 郊区	jiāoqū	（名）	城市周围在行政管辖上属这个城市的地区
2. 盛	chéng	（动）	把东西放在容器里。这里指把汤舀到碗里
3. 补充	bǔchōng	（动）	原有不足或有损失时，增加一部分
4. 当然	dāngrán	（形）	应当这样
5. 移民	yímín	（名）	迁移到外地或外国去落户的人
6. 基本上	jīběnshàng	（副）	主要地
7. 感染	gǎnrǎn	（动）	通过语言或行为引起别人相同的思想感情

8.	特别	tèbié	（形）	与众不同；不普通
9.	麻	má	（形）	知觉部分或全部丧失的不适感；像吃了花椒后那样的感觉
10.	花椒	huājiāo	（名）	一种调味的香料
11.	开胃酒	kāiwèijiǔ	（名）	吃饭前增加食欲的酒
12.	老火靓汤	lǎohuǒliàngtāng		一种煮了很长时间的汤
13.	瓦煲	wǎbāo	（名）	一种煮汤的锅
14.	精华	jīnghuá	（名）	（事物）最重要、最好的部分
15.	口腹之欲	kǒufùzhīyù		对食物的欲望
16.	简单	jiǎndān	（形）	容易明白、理解
17.	滚汤	gǔntāng	（名）	用大火很快做好的汤
18.	材料	cáiliào	（名）	可以直接制作成成品的东西；在制作等过程中消耗的东西。这里指菜、肉等
19.	讲究	jiǎngjiu	（动）	讲求；重视
20.	干	gān	（形）	没有水分或水分很少
21.	干裂	gānliè	（动）	因干燥而裂开
22.	清热润肺	qīngrè-rùnfèi		能清除身体里的热气，滋润身体的
23.	最佳	zuìjiā	（形）	最好
24.	养生	yǎngshēng	（动）	保养身体
25.	中药	zhōngyào	（名）	中医所用的药物，以植物为最多，也包括动物和矿物
26.	强身健体	qiángshēn-jiàntǐ		使身体强壮
27.	推荐	tuījiàn	（动）	把好的人或事物向人或组织介绍，希望任用或接受

练习

一、课文部分

（一）用正确的语调朗读下列句子

1. 我一直都不在意，原来这么好喝，看来我要多喝点儿！

2. 当然味道也是很重要的！

3. 本地人每天晚饭基本上都会喝的，外地人在广州生活久了，也会受感染的。

4. 我觉得这个汤有种特别的味道，可我又说不出来。

5. 啊，这就像我们意大利人饭前喝的开胃酒一样！

6. 食物的精华全在里面，这样的汤喝起来才叫美味呢！

7. 就像今天的汤，我妈妈煲了三个小时呢！

8. 如果天天这样，那妈妈一定很辛苦！

9. 不过为了满足口腹之欲，也没办法，我们习惯了，不喝不舒服。

10. 中国人在吃的方面那么讲究，我想，喝的汤也应该有很多种，是吗？

11. 啊，真没想到，喝汤都会有这么多学问！

（二）回答下列问题

1. 广州人为什么喜欢喝汤？

2. 在广州的外地人喜欢喝汤吗？

3. 张栋家的汤为什么喝下去有一种麻麻的感觉？这样做有什么作用？

4. 什么叫"老火靓汤"？这种汤一般煲多久？

5. "滚汤"是什么时候做的？

6. 秋季人们一般喝什么汤？

7. 中国人的饮食一般和什么联系在一起？

8. 煲汤的时候广州人喜欢放什么？

二、词语部分

（一）写出下列词语的读音，然后填空

潮湿　　移民　　补充　　感染　　胃口　　养生　　推荐

1. 他生病了，吃饭没什么（　　　　　）。

2. 我朋友给我（　　　　　）了一本小说，实在是太好看了！

3. 他的笑声非常能（　　　　　）人，大家听着也都笑起来了。

4. 美国是一个（　　　　　）聚居的国家。

5. 海边的空气太（　　　　　）了，还有一种咸咸的味道。

6. 这位老人特别注重（　　　　　），他天天都要锻炼身体。

7. 你的嘴唇都裂了，应该多吃点蔬菜，（　　　　　）维生素。

（二）用下列词语造句

精华　　口腹之欲　　强身健体　　讲究　　满意

三、讨论题

1. 除了喝汤，你还知道中国人有什么养生之道？

2. 你们国家有什么养生方法吗？

留学广州

热身练习

1. 你在广州的大排档吃过饭吗？

2. 你觉得大排档的饭菜好吃吗？贵不贵？

第三课

大排档

（一个周末，张栋和他的朋友们又见面了。）

伊莲娜：我们今天去哪里呢，张栋？

张　栋：我今天带你们去感受一下广州人的生活。

阿　龙：是吗？那太好了！我特别想了解一下广州人是怎么生活的。

（张栋看到田中一直不说话。）

张　栋：田中，你觉得怎么样？

田　中：我很好奇！你会带我们去哪里呢？

张　栋：一到周末，广州人往往会约上三五知己，去大排档吃宵夜。

伊莲娜：大排档是什么？宵夜又是什么？

张　栋：所谓大排档，就是很多连在一起的小吃摊。这些小吃摊一般都在路边，很多家店集中在一起，朝向大街，点菜、吃饭一目了然。吃宵夜就是指在晚上八九点以后吃东西。

（他们来到珠江边的一条街上。）

阿　龙：没想到这里这么热闹！

张　栋：是啊，初次来的人可能会觉得有些吵闹，但习惯了的
　　　　人就很喜欢。因为大排档的环境、气氛都比较轻松，
　　　　所以来的人也都比较随意一些。许多广州人不但和朋
　　　　友一起来，还会带着家人来大排档消费。

田　中：在日本也有像这样吃饭的地方，只是政府规定不能露
　　　　天经营。

张　栋：广州天气炎热，坐到外面比较凉快。商家也为了多做
　　　　生意，于是桌椅都摆到街道上来了。白天这样做是不
　　　　行的。

阿　龙：在我们国家，有许多露天的咖啡馆，人们也可以在那
　　　　儿边喝咖啡边吃些点心。

张　栋：你们知道，许多中国人不习惯喝咖啡，喜欢喝茶。在
　　　　大排档吃饭，人们还习惯用茶水冲洗一下碗筷。来，
　　　　你们学着我的样子，也冲洗一下你们的碗筷吧。

伊莲娜：这真是很有特色！

田　中：我猜，这里的饭菜可能很普通吧！

张　栋：这你可错了！正相反，这里的一些菜式是大酒店里没
　　　　有的。比如炒田螺、榨菜鸡蛋饼、砂锅粥、濑尿虾，
　　　　还有卤水掌亦、腐乳通菜等等，有些大排档还经营自
　　　　己家传的一些小点心，比如老婆饼、公仔饼，都很好
　　　　吃。我们赶快先点菜吧！

阿　龙：是啊，我的肚子都饿扁了。

伊莲娜：太好了，谢谢你，张栋！我们可以一边吃，一边欣赏

珠江的夜景。我喜欢大排档！

张　栋：好处还不止这些呢，你们猜猜，我要了六个菜，还有
两瓶啤酒，总共多少钱？

田　中：还有米饭呢！肯定要两百多吧！

张　栋：你又错了，一共是128块钱。我们四个人，平均一个
人才32块。

阿　龙：真没想到，这么便宜就可以品尝到中国的美食！真是
价廉物美。来，让我们干一杯吧！

生词

1. 大排档	dàpáidàng	（名）	连在一起的小吃摊；有时也指规模较大的（多为餐饮摊点）
2. 感受	gǎnshòu	（动）	受到（影响）；接受
3. 好奇	hàoqí	（形）	对自己所不了解的事物觉得新奇而感兴趣
4. 知己	zhījǐ	（名）	彼此相互了解而情谊深切的人
5. 宵夜	xiāoyè	（名）	夜里吃的酒食、点心等，也作"夜宵"
6. 小吃摊	xiǎochītān	（名）	卖各类小吃的摊位
7. 一目了然	yímù-liǎorán		一眼就能看清楚
8. 初次	chūcì	（副）	第一次
9. 气氛	qìfēn	（名）	一定环境中给人某种强烈感觉的精神表现或景象
10. 随意	suíyì	（形）	任凭自己的意思
11. 消费	xiāofèi	（动）	为了生产或生活需要而消耗物质财富或接受有偿服务等
12. 露天	lùtiān	（形）	上面没有遮盖物的

13. 经营	jīngyíng	（动）	指商业、服务业出售某类商品或提供某方面的服务
14. 特色	tèsè	（名）	事物所表现的独特的色彩、风格等
15. 普通	pǔtōng	（形）	平常的；一般的
16. 家传	jiāchuán	（动）	家庭世代相传
17. 欣赏	xīnshǎng	（动）	享受美好的事物，领略其中的情趣
18. 便宜	piányi	（形）	价钱低
19. 品尝	pǐncháng	（动）	仔细地辨别；尝试（滋味）
20. 价廉物美	jiàlián-wùměi		东西很好，价格不贵

专有名词

菜名

1. 炒田螺　　　　　　chǎo tiánluó

2. 榨菜鸡蛋饼　　　　zhàcài jīdànbǐng

3. 砂锅粥　　　　　　shāguōzhōu

4. 濑尿虾　　　　　　làiniàoxiā

5. 卤水掌亦　　　　　lǔshuǐ zhǎngyì

6. 腐乳通菜　　　　　fǔrǔ tōngcài

食品名

1. 老婆饼　　　　　　lǎopobǐng

2. 公仔饼　　　　　　gōngzǎibǐng

练习

一、课文部分

（一）用正确的语调朗读下列句子

1. 是吗？那太好了！我特别想了解一下广州人是怎么生活的。

2. 我很好奇！你会带我们去哪里呢？

3. 大排档是什么？宵夜又是什么？

4. 没想到这里这么热闹！

5. 许多广州人不但和朋友一起来，还会带着家人来大排档消费。

6. 在我们国家，有许多露天的咖啡馆，人们也可以在那儿边喝咖啡边吃些点心。

7. 来，你们学着我的样子，也冲洗一下你们的碗筷吧。

8. 是啊，我的肚子都饿扁了。

9. 我们可以一边吃，一边欣赏珠江的夜景。我喜欢大排档！

10. 还有米饭呢！肯定要两百多吧！

（二）回答下列问题

1. 周末，广州人一般喜欢去哪里吃饭？

2. 什么叫大排档？它有什么特点？

3. 什么叫宵夜？

4. 大排档的环境怎么样？

5. 在大排档吃饭前，人们习惯做什么？

6. 大排档的菜式品种多吗？你能说出几样吗？

二、词语部分

（一）写出下列词语的读音，然后填空

> 知己　　随意　　经营　　露天
>
> 家传　　欣赏　　价廉物美

1. 他们家在那条街上（　　　　）着一家大排档。

2. 今天晚上，我们要去花城大道（　　　　）夜景。

3. 他（　　　　）的手艺很高超，很多人专门来买他做的工艺品。

4. 院子里（　　　　）摆放着一些桌椅，大家可以随便坐。

5. 体育中心里有室内羽毛球馆和网球馆，还有（　　　　）的足球场。

6. 俗话说："人生得一（　　　　）足矣！"

7. 那家老字号的饭店生意很好，里面的饭菜（　　　　）。

（二）用下列词语造句

> 感受　　好奇　　热闹　　轻松　　规定　　特色

三、讨论题

1. 在你们国家，有没有大排档这样的消费场所？

2. 你喜欢在大排档这种环境吃饭吗？

留学
广州

热身练习

1. 你喝过可口可乐吗？喜欢喝吗？

2. 你了解中国的凉茶吗？

第四课

中国人的"可口可乐"

（伊莲娜打电话约张栋出来，她说要请张栋吃饭。张栋到的时候，伊莲娜、阿龙、田中已经在等他了。）

伊莲娜：谢谢你，张栋！

张　栋：谢我什么？

伊莲娜：你不记得了？上个月，我生病了，头晕目眩，浑身没劲儿。你给我买了"可口可乐"，我连喝了两天，病就好了。

阿　龙：什么？可口可乐可以治病？

田　中：这我还是第一次听说！

张　栋：啊，我明白了！伊莲娜在和你们开玩笑，她说的是我们广州的凉茶——"王老吉"。

阿　龙："王老吉"？难道凉茶也可以治病吗？

张　栋：是啊！当你头痛感冒、喉咙难受、四肢无力的时候，喝一瓶"王老吉"，或许可以缓解病情。

田　中：可我在街上，看到有些人没有生病，也在喝"王老吉"。

张　栋："王老吉"不仅可以治病，还可以起到预防的效果。在我小时候，每当天气炎热时，大人们就会让我喝"王老吉"。

伊莲娜：我以前在俄罗斯，听说中药味道很苦，没想到"王老吉"的味道甜甜的，很好喝！

张　栋：过去中药都需要熬制而成，味道也都比较苦，喝起来很难受，所以中国人说"良药苦口利于病"。小孩子一喝完中药，大人都要给他吃颗糖。后来中药也在不断改革，许多中药现在都制成药丸，吃起来味道也没有那么苦了。

伊莲娜：我以后一定要向我的朋友们推荐"王老吉"，它比"可口可乐"的作用大多了！

张　栋：你们知道吗？许多在海外的中国人，回到国内，都要买很多"王老吉"凉茶包带回去，既可以治病，还可以缓解自己的思乡情。

阿　龙：看来我们以后也要喝喝"王老吉"，尝尝中国的"可口可乐"。

张　栋：对了，今年是"王老吉"创立195周年。等吃完饭，我请你们一起去喝"王老吉"。

生词

1. 可口可乐　　kěkǒu kělè　　（名）　　饮料名
2. 头晕目眩　　tóuyūn mùxuàn　　　　这里指身体不舒服

3. 开玩笑　　　kāi wánxiào　　　　　　　用言语或行动戏弄人

4. 凉茶　　　　liángchá　　　（名）　　中草药做的饮料

5. 难道　　　　nándào　　　　（副）　　用在疑问句中，加强反问语气

6. 头痛　　　　tóutòng　　　　（形）　　头部疼痛，形容感到为难或讨厌

7. 感冒　　　　gǎnmào　　　　（名）　　传染病，在身体过度疲劳、着凉、抵抗
　　　　　　　　　　　　　　　　　　　　力降低时容易引起

8. 喉咙　　　　hóulong　　　　（名）　　咽喉

9. 四肢无力　　sìzhī wúlì　　　　　　　　胳膊、腿没有力气。这里指身体虚弱

10. 缓解　　　　huǎnjiě　　　　（动）　　剧烈、紧张的程度有所减轻；变缓和

11. 病情　　　　bìngqíng　　　（名）　　疾病变化的情况

12. 预防　　　　yùfáng　　　　（动）　　事无防备

13. 效果　　　　xiàoguǒ　　　（名）　　由某种力量、做法或因素产生的结果

14. 炎热　　　　yánrè　　　　　（形）　　（天气）很热

15. 熬制　　　　áozhì　　　　　（动）　　用火煮

16. 良药苦口利于病　　liángyào kǔkǒu lìyú bìng

　　　　　　　　　　　　　　　　　　　　好的药很苦，但能治病

17. 改革　　　　gǎigé　　　　　（动）　　把事物中旧的不合理的部分改成新的、
　　　　　　　　　　　　　　　　　　　　能适应客观情况的

18. 药丸　　　　yàowán　　　　（名）　　制成丸状的药

19. 作用　　　　zuòyòng　　　（名）　　对事物产生的影响

20. 凉茶包　　　liángchábāo　（名）　　装凉茶的小袋子

21. 思乡情　　　sīxiāngqíng　（名）　　想念家乡的感情

22. 创立　　　　chuànglì　　　（动）　　初次建立

练习

一、课文部分

（一）用正确的语调朗读下列句子

1. 你不记得了？上个月，我生病了，头晕目眩，浑身没劲儿。你给我买了"可口可乐"，我连喝了两天，病就好了。

2. 什么？可口可乐可以治病？

3. 这我还是第一次听说！

4. 伊莲娜在和你们开玩笑，她说的是我们广州的凉茶——"王老吉"。

5. 当你头痛感冒、喉咙难受、四肢无力的时候，喝一瓶"王老吉"，或许可以缓解病情。

6. "王老吉"不仅可以治病，还可以起到预防的效果。

7. 过去中药都需要熬制而成，味道也都比较苦，喝起来很难受，所以中国人说"良药苦口利于病"。

8. 我以后一定要向我的朋友们推荐"王老吉"，它比"可口可乐"的作用大多了！

9. 你们知道吗？许多在海外的中国人，回到国内，都要买很多"王老吉"凉茶包带回去，既可以治病，还可以缓解自己的思乡情。

10. 对了，今年是"王老吉"创立195周年。等吃完饭，我请你们一起去喝"王老吉"。

（二）回答下列问题

1. 伊莲娜为什么要请张栋吃饭？

2. 伊莲娜上个月身体出现了什么问题？

3. "王老吉"有什么作用？

4. 过去小孩子喝完中药后，为什么大人都要给他吃颗糖？

5. 过去的中药是怎么制成的？

6. 现在中药在做法和味道上都有什么改变？

7. 海外的中国人回国后，要买什么东西带回去？为什么？

二、词语部分

（一）写出下列词语的读音，然后填空

| 头晕目眩 | 开玩笑 | 难道 | 预防 | 熬制 | 作用 |

1. 这碗汤是他用中药和水果（　　　　　）而成的，味道特别甘甜。

2. 你没带伞？（　　　　　）你不知道今天会下雨吗？

3. 你在（　　　　　）吗？工作两年就想买房！

4. 家庭对他的（　　　　　）很大。他每天都勤奋工作，希望可以挣到更多的钱。

5. 大家一定要勤洗手、多喝水，这样可以（　　　　　）疾病。

6. 一个人从高楼上往下看，可能会（　　　　　），心跳加速。

（二）用下列词语造句

| 缓解 | 凉茶 | 不仅……还 | 改革 | 创立 |

三、讨论题

1. 凉茶不是只有"王老吉"，你还能说出其他的凉茶品牌吗？

2. 当你身体不舒服的时候，你会吃中药吗？

热身练习

1. 在你们国家，从一座城市去另一座城市，常常乘坐什么交通工具？

2. 你坐过高铁吗？有什么感觉？

第五课

高铁——和谐号

（阿龙他们决定"十一"假期出去游玩。可供选择的地方太多了，他们一时决定不了，于是请教张栋。）

阿　龙：张栋，"十一"假期就要来了，我们三个人想出去玩，你有什么好的建议吗？

张　栋：这要看你们的预算了。

伊莲娜：预算是什么？

张　栋：预算就是你们准备花多少钱。

田　中：我们想去别的省玩，每个人3000元左右吧。

张　栋：如果是这样，我建议你们去武汉。

阿　龙：武汉？在哪里？你在地图上给我们指一指。

张　栋：看，在这里。你们出了广东省，经过湖南省，就到湖北省了。武汉就是湖北省的省会。

伊莲娜：哎呀，这么远，要跨越两个省呢！那路上要花多长时间？

张　栋：不会太长的，四个多小时吧。

田　中：四个多小时，你是说坐飞机吗？3000元应该不够！

阿　　龙：张栋，你别开玩笑了！

张　　栋：我没有开玩笑，我说的是真的。你们可以坐高铁过去。

伊莲娜：早就听说中国的高铁很快，看来我们这次要真的体验一下了。

张　　栋：没错！它的时速是300多公里，堪称国际一流。你们真应该尝试一下，不然就太可惜了。

田　　中：那票价一定很贵吧！我们是学生，没有太多的钱。

张　　栋：你们可以买二等票，460多元一张。和飞机相比，既便宜又快捷。

阿　　龙：如果这样，来回路费不到1000元。不知武汉的消费高不高？

伊莲娜：我们可以住青年旅舍，比较便宜。

田　　中：我还有个问题……

伊莲娜：(不等田中说完，就笑着夸奖说)田中考虑问题很全面，他总是能想到许多非常实际的问题。

张　　栋：(也笑着)我知道，田中就是你们的军师嘛！你问吧，田中，我经得起考验。

田　　中：(不好意思，红了脸，迟疑了一下，又问道)我听说"十一"期间，出去游玩的人很多，那回来的票是不是很难买？

张　　栋：没关系，你们可以用手机在"携程"网上买双程票，这样你们就可以放心地在武汉游览了。而且，在高铁上，你们还可以观赏到路边美丽的风光，这可是坐飞机不能比的。

阿　龙：那我们买了票以后，一定要记得把票带上啊！我是个马大哈，总是丢三落四的。好几次把钱包、钥匙都丢了。

张　栋：不带票也没关系的！你们只要带着护照就可以了。到了广州南站，你们可以凭借护照进站出站。最好早一点过去，时间就不会太紧张了。

阿　龙：太好了！

张　栋：现在的互联网这么发达，它完全可以让你们足不出户，就轻松搞定一切。我相信你们一定会不虚此行的！

生词

1. 建议	jiànyì	（名）	向人提出的主张
2. 预算	yùsuàn	（名）	计划花多少钱
3. 省会	shěnghuì	（名）	一个省的政府机关所在地
4. 跨越	kuàyuè	（动）	越过地区或时期的界限
5. 时速	shísù	（名）	每个小时的速度
6. 堪称	kānchēng	（动）	称得上
7. 一流	yīliú	（形）	最好的，第一等的
8. 尝试	chángshì	（动）	试；试验
9. 快捷	kuàijié	（形）	（速度）快；（行动）敏捷
10. 预订	yùdìng	（动）	预先订购
11. 夸奖	kuājiǎng	（动）	称赞，表扬
12. 考虑	kǎolǜ	（动）	思索问题，以便做出决定

13.	全面	quánmiàn	（名）	所有方面
14.	实际	shíjì	（形）	实有的；具体的
15.	军师	jūnshī	（名）	能出主意的人
16.	考验	kǎoyàn	（动）	通过具体事件、行动或困难环境来检验（是否坚定、忠诚或正确等）
17.	迟疑	chíyí	（形）	犹豫；拿不定主意
18.	双程	shuāngchéng	（名）	出去和回来
19.	游览	yóulǎn	（动）	从容行走观看（名胜、风景）
20.	观赏	guānshǎng	（动）	欣赏，观看
21.	马大哈	mǎdàhā	（名）	指粗心大意的人
22.	丢三落四	diūsān-làsì		形容马虎或记忆力不好而好忘事
23.	钥匙	yàoshi	（名）	开锁或上锁的用具
24.	发达	fādá	（形）	（事物）已有充分发展，（事业）兴盛
25.	足不出户	zúbùchūhù		指待在家里不外出
26.	搞定	gǎodìng	（动）	把事情办妥；把问题解决好
27.	不虚此行	bùxū-cǐxíng		没有白来这一趟，表示某次行动收获很大

练习

一、课文部分

（一）用正确的语调朗读下列句子

1. 张栋，"十一"假期就要来了，我们三个人想出去玩，你有什么好的建议吗？

2. 预算就是你们准备花多少钱。

3. 如果是这样，我建议你们去武汉。

4. 武汉？在哪里？你在地图上给我们指一指。

5. 看，在这里。你们出了广东省，经过湖南省，就到湖北省了。武汉就是湖北省的省会。

6. 哎呀，这么远，要跨越两个省呢！那路上要花多长时间？

7. 四个多小时，你是说坐飞机吗？3000 元应该不够！

8. 早就听说中国的高铁很快，看来我们这次要真的体验一下了。

9. 没错！它的时速是 300 多公里，堪称国际一流。你们真应该尝试一下，不然就太可惜了。

10. 我知道，田中就是你们的军师嘛！你问吧，田中，我经得起考验。

（二）回答下列问题

1. 阿龙他们想去哪里玩？

2. 张栋给他们出了什么主意？

3. 他们的预算是多少？

4. 从广东省去湖北省，要经过哪个省？

5. 从广州市到武汉市，大约要花多久？高铁票多少钱？

6. 中国的高铁时速多少公里？

7. 来回票难买吗？

8. 他们用什么进站出站？

二、词语部分

（一）写出下列词语的读音，然后填空

军师	预算	跨越	时速	堪称
足不出户		不虚此行		丢三落四

1. 他每次短跑都是第一，（　　　　　）我们学校的运动明星。

2. 来到中国，他吃到了那么多美食，看到了那么多美景，最关键的是，还见到了那么多的老朋友，真是（　　　　　）。

3. 他妈妈在批评他："你做事情总是（　　　　　）的，这个毛病得改一改。"

4. 他是一个很聪明的人，总是有很多主意。他就是我们大家的（　　　　　）。

5. 这位老人活了108岁，他的生命（　　　　　）了三个世纪。

6. 你的（　　　　　）是多少？你准备买一辆什么价位的车？

7. 现代社会，一个人即使（　　　　　），也能够活下去。

8. 在网球比赛中，那个选手发了一个（　　　　　）200公里的球。

（二）用下列词语造句

选择　　准备　　快捷　　建议　　预订　　消费　　考验

三、讨论题

1. 你觉得高铁和飞机，哪一种交通工具更好？

2. 你认为将来高铁的时速会超过飞机吗？

留学广州

热身练习

1. 你骑过共享单车吗?

2. 你坐过广州地铁吗? 有什么感觉?

第六课

城市的地铁

（学校周末组织留学生在大学城举行活动，阿龙他们邀请张栋一起参加。活动结束以后，阿龙他们决定乘坐地铁回市区。张栋又一次成了向导。）

伊莲娜：我们从大学城回市区方便吗？

张　栋：这里离市中心太遥远了！从这里回去，坐地铁是最佳选择。不过中间我们要转两次线，你们也可以好好感受一下广州的地铁服务。

阿　龙：上星期，我去中山大学看我的一个朋友，回来打的，遇上塞车，和朋友约好了踢球，差点都晚了，而且车费也挺贵。

张　栋：是啊，广州车很多，交通繁忙。一般出门我都愿意坐地铁，不会迟到嘛！哦，我们骑共享单车去地铁站吧！

伊莲娜：什么是"共享单车"？

张　栋：（指着手里的单车）这就是共享单车。你可以用你的手机扫一扫单车后面的二维码，打开锁，就可以去你想去的地方了。它是按时间收费的，很便宜。

阿　　龙：哦，我说呢！经常看到很多人骑着一模一样的单车，原来那些都是共享单车！

张　　栋：是的。到了目的地，你把它放在停车点，锁好车就可以走了。好了，我们已经到地铁站了。

田　　中：我们日本人太多，平时出去坐地铁，都非常拥挤。不知广州怎么样？

张　　栋：我在网上看过日本地铁上下班时的状况，和中国大城市相比，大家半斤八两吧。

阿　　龙：没想到，广州的地铁这么干净，而且很先进！

伊莲娜：是啊，地铁里的标识都很清楚，想去哪里，一目了然。我看我们应该转那条线，我们过去吧。

田　　中：如果长期生活在广州，最好申请办一张"羊城通"，坐地铁、坐公交都少不了它。我一到广州，就去地铁站办了一张。

阿　　龙：难怪你刚才一直站着不动，原来是在等我们买票。

田　　中：如果我们以后不在这里住了，还可以把卡退了。

张　　栋：地铁的确给广州带来了很大的变化。广州的地铁现在已经有十多条线路了，它使人们的出行方便多了。

伊莲娜：我们班里不是就有同学住在番禺吗？他们每天上学都坐地铁来，以前我总是觉得太辛苦了，原来这么方便！

张　　栋：我听说，广州有些老人，还有家庭主妇，一大早坐地铁去番禺或者佛山喝早茶，然后再买些特产，甚至买些蔬菜、鸡蛋、水果回来。

阿　　龙：是吗？为什么在那里买蔬菜、鸡蛋、水果？

张　栋：因为那里的东西一般都比较便宜，而且空气比广州市
中心好，交通也不拥挤。所以很多人在广州上班，却
住在远离广州市中心的增城、花都，还有住在佛山
的，节假日享受着悠闲的生活。

伊莲娜：看来地铁给人们生活带来的变化真是太大了！

田　中：是啊，转眼我们就已经到站了，我们去逛街吧！

生词

1. 组织	zǔzhī	（动）	安排分散的人或事物使具有一定的系统性或整体性
2. 邀请	yāoqǐng	（动）	请人到自己的地方来或到约定的地方去
3. 决定	juédìng	（动）	对如何行动做出主张
4. 向导	xiàngdǎo	（名）	带路的人
5. 遥远	yáoyuǎn	（形）	很远
6. 打的	dǎdī	（动）	打出租车
7. 繁忙	fánmáng	（形）	事情多；没有空闲
8. 共享单车	gòngxiǎng dānchē	（名）	一种可以租借的单车，按使用时间收费
9. 二维码	èrwéimǎ	（名）	二维平面上存储信息的代码标记。通过扫描二维码可获得相关信息
10. 目的地	mùdìdì	（名）	想要去的地方
11. 停车点	tíngchēdiǎn	（名）	车辆集中停放的地方
12. 拥挤	yōngjǐ	（形）	地方相对地小而人或车船等相对地多
13. 半斤八两	bànjīn-bāliǎng		差不多；比喻彼此一样，不相上下（多含贬义）
14. 标识	biāoshí	（名）	用来识别的记号

15. 羊城通	yángchéngtōng	（名）	乘坐广州地铁、公交时用的一种乘车卡
16. 难怪	nánguài	（副）	怪不得
17. 的确	díquè	（副）	完全确实；实在
18. 出行	chūxíng	（动）	外出，到外地去
19. 特产	tèchǎn	（名）	某地或某国特有的或特别著名的产品
20. 甚至	shènzhì	（连）	强调突出的事例（有更进一层的意思）
21. 悠闲	yōuxián	（形）	闲适自得
22. 转眼	zhuǎnyǎn	（动）	形容时间极短
23. 逛街	guàngjiē	（动）	去街上散步或者买东西

专有名词

地名

1. 番禺　Pānyú
2. 佛山　Fóshān
3. 增城　Zēngchéng
4. 花都　Huādū

练习

一、课文部分

（一）用正确的语调朗读下列句子

1. 这里离市中心太遥远了！从这里回去，坐地铁是最佳选择。不过中间我们要转两次线，你们也可以好好感受一下广州的地铁服务。

2. 是啊，广州车很多，交通繁忙。一般出门我都愿意坐地铁，不会迟到嘛！

3. 你可以用你的手机扫一扫单车后面的二维码，打开锁，就可以去你想去的地方了。它是按时间收费的，很便宜。

4. 哦，我说呢！经常看到很多人骑着一模一样的单车，原来那些都是共享单车！

5. 我在网上看过日本地铁上下班时的状况，和中国大城市相比，大家半斤八两吧。

6. 没想到，广州的地铁这么干净，而且很先进！

7. 如果长期生活在广州，最好申请办一张"羊城通"，坐地铁、坐公交都少不了它。我一到广州，就去地铁站办了一张。

8. 地铁的确给广州带来了很大的变化。广州的地铁现在已经有十多条线路了，它使人们的出行方便多了。

9. 我听说，广州有些老人，还有家庭主妇，一大早坐地铁去番禺或者佛山喝早茶，然后再买些特产，甚至买些蔬菜、鸡蛋、水果回来。

10. 因为那里的东西一般都比较便宜，而且空气比广州市中心好，交通也不拥挤。所以很多人在广州上班，却住在远离广州市中心的增城、花都，还有住在佛山的，节假日享受着悠闲的生活。

（二）回答下列问题

1. 张栋认为，从大学城回市中心，最佳选择是什么？

2. 阿龙上周去看朋友，他是怎么回来的？他有什么感想？

3. 他们是怎么去地铁站的？

4. 怎么使用"共享单车"？

5. 张栋认为，日本地铁的拥挤程度和中国大城市相比怎么样？

6. 阿龙认为广州地铁怎么样？

7. 田中说，如果要长期住在广州，最好办什么？

8. 张栋说，广州的一些老人和家庭主妇，一大早去干什么？为什么他们要这样做？

二、词语部分

（一）写出下列词语的读音，然后填空

| 组织   决定   向导   遥远   半斤八两   的确   一目了然 |

1. 广州的天气（   ）很热，现在都11月了，我们还穿着短袖。

2. 他们找到了一个（   ），好不容易走出了大山。

3. 学校想（   ）一次篮球比赛，希望大家积极参加。

4. 大海好像很（   ），实际上就在眼前。

5. 他的答案很清楚，（   ）。

6. 我（   ）从今天起，每天看一小时汉语新闻。

7. 他俩的汉语水平（   ）。

（二）用下列词语造句

| 方便   拥挤   繁忙   申请   甚至   享受 |

三、讨论题

1. 你对中国的"共享单车"有什么看法？

2. 在广州，地铁站旁边的房子比较贵，远离地铁站的房子会相对便宜。如果是你，会选择住哪里呢？你们国家的情况怎么样？

热身练习

1. 你坐过 BRT 吗？有什么感觉？

2. BRT 和普通公交有什么不同？

第七课

BRT

（阿龙他们周末约了张栋，想去动物园玩。临行前，他们做着准备工作。张栋看上去明显比较疲乏，大家都关切地询问他。）

伊莲娜：张栋，你没事吧？是不是工作太紧张了？

田　中：我知道中国年轻人现在工作都很忙。你可要悠着点儿啊！

张　栋：哦，我还好！就是有些累！

阿　龙：累了为什么不早点睡？好好睡一觉，你就会满血复活的！（阿龙"卖弄"着他早就学会了的游戏术语。他擅长打游戏，有很多中国"盟友"，经常彻夜鏖战。）

（张栋看着阿龙得意的样子，无奈地笑了笑。）

张　栋：你们知道"996"吗？

（三个人都愣住了，诧异地看着张栋。）

张　栋："996"就是早上9点上班、晚上9点下班，中午和傍晚休息1小时，总计工作10小时以上，并且一周工作6天的工作制度。

伊莲娜：啊，天哪！怎么会这样！

张　　栋：在中国，尤其是互联网公司，基本上都在实行这样的工作制度。不过，我还好了，不用一周工作6天，但是也要经常加班。

伊莲娜：（一边说着，一边拥抱着张栋）我们太同情你了！

张　　栋：别担心了！我昨晚睡得很早，今天已经缓过来了！

（田中和阿龙也上来拍了拍张栋的肩膀。）

田　　中：好了，我们检查一下要带的东西。千万别忘了带"羊城通"啊。

伊莲娜：那我们今天怎么去动物园？还坐地铁吗？

张　　栋：不如这样，我今天带你们去体验一下广州的BRT。

田　　中：什么是BRT？

张　　栋：BRT就是广州的快速公交系统的简称。

伊莲娜：快速公交系统，真的很快吗？

张　　栋：比普通公交快多了。

阿　　龙：为什么？

张　　栋：因为它是在城市的各条主干道上开辟了专用公交车道，其他社会车辆不能在上面行驶，这样可以保证公交车辆畅通无阻。

伊莲娜：那就是说，乘坐BRT不会出现塞车现象，是吗？

张　　栋：当公交车行驶在BRT车道上，肯定就不会出现塞车的情况。

田　　中：这个BRT有什么作用？

张　　栋：广州是个大都市，即使有了地铁，地面的交通压力仍然很大，有了BRT，可以有效地缓解广州的交通状况。你们知道吗？广州的 BRT 客流量在中国是最大的。

伊莲娜：真的吗？

张　栋：是啊。广州还有世界上最长的 BRT 站台。它一次可以让 12 辆公交车同时停靠。

阿　龙：哇，12 辆！不会出现拥堵的现象吗？

张　栋：当然不会，因为每辆车都有自己的停靠点。广州为了建设 BRT 车道，投入了 13 亿元人民币，花了 4 年时间。

伊莲娜：那车票价格会不会很贵？

张　栋：不会，价格都是 2 元。

阿　龙：我都等不及了，我们快出发吧！

生词

1. 临行	línxíng	（动）	将要出发
2. 疲乏	pífá	（形）	很累；疲劳
3. 关切	guānqiè	（动）	关心
4. 悠着	yōuzhe	（动）	控制着不使过度
5. 满血复活	mǎnxuè fùhuó		恢复体力，精神变好了
6. 卖弄	màinong	（动）	有意显示、炫耀（自己的本领）
7. 游戏术语	yóuxì shùyǔ		打游戏时专门用的词语
8. 擅长	shàncháng	（动）	在某方面有特长
9. 盟友	méngyǒu	（名）	结成同盟的朋友
10. 鏖战	áozhàn	（动）	激烈地战斗；苦战
11. 无奈	wúnài	（动）	没办法

12.	愣	lèng	（动）	不明白或者吃惊时的表情
13.	诧异	chàyì	（形）	表示吃惊，觉得奇怪
14.	加班	jiābān	（动）	在规定以外增加工作时间或班次
15.	同情	tóngqíng	（动）	对于别人的遭遇在感情上发生共鸣
16.	缓	huǎn	（动）	恢复正常的生理状态。这里是休息好了的意思
17.	体验	tǐyàn	（动）	通过实践来认识周围的事物；亲身经历
18.	简称	jiǎnchēng	（名）	较复杂的名称的简化形式
19.	开辟	kāipì	（动）	开创；创立
20.	畅通无阻	chàngtōng-wúzǔ		没有阻碍地通行
21.	客流量	kèliúliàng	（名）	运送乘客的数量
22.	拥堵	yōngdǔ	（动）	车辆太多，道路堵塞

练习

一、课文部分

（一）用正确的语调朗读下列句子

1. 张栋，你没事吧？是不是工作太紧张了？

2. 我知道中国年轻人现在工作都很忙。你可要悠着点啊！

3. 累了为什么不早点睡？好好睡一觉，你就会满血复活的！

4. "996"就是早上9点上班、晚上9点下班，中午和傍晚休息1小时，总计工作10小时以上，并且一周工作6天的工作制度。

5. 啊，天哪！怎么会这样！

6. 我们太同情你了！

7. 别担心了！我昨晚睡得很早，今天已经缓过来了！

8. 好了，我们检查一下要带的东西。千万别忘了带"羊城通"啊。

9. 不如这样，我今天带你们去体验一下广州的 BRT。

10. 广州是个大都市，即使有了地铁，地面的交通压力仍然很大，有了 BRT，可以有效地缓解广州的交通状况。

（二）回答下列问题

1. 张栋为什么很疲乏？

2. 三个人分别是怎样安慰张栋的？

3. "996" 是什么意思？

4. 使用 "羊城通" 有什么好处？

5. BRT 相比普通公交有什么优点？

6. 广州的 BRT 站台有一个世界之最，是什么？

7. 广州为了建设 BRT，花了多少钱，用了多长时间？

二、词语部分

（一）写出下列词语的读音，然后填空

| 疲乏 | 累计 | 满血复活 | 卖弄 | 鏖战 | 诧异 | 开辟 | 悠着点 |

1. 这场网球比赛，时间太长了，选手们（   ）了近 5 个小时，才决出胜负。

2. 年轻人虽然经常熬夜，但是好好吃一顿或者睡一觉，很快就能（   ）。

3. 最近这里（   ）了一片空地，准备建几个篮球场。

4. 他总是喜欢（   ）小聪明，实际上什么本事都没有。

5. 你这段时间脸色不太好，可要（   ）啊！

6. 她（   ）地看着他，不明白他在说什么。

7. 他连续工作了一个月，感觉特别（   ）。

8. 这个学生（   ）旷课超过两个月，被学校开除了。

（二）用下列词语造句

> 关切　　擅长　　得意　　彻夜　　无奈　　拥堵

三、讨论题

1. 你认为"996"的工作制度是否合理？会有什么后果？
2. 你觉得广州的交通状况怎么样？你有什么更好的建议吗？

留学
广州

热身练习

1. 你会给家里的小孩子选择什么样的礼物？

2. 你了解中国的快递业务吗？

第 ⑧ 课

一德路——玩具礼品

（伊莲娜这两天有些愁眉不展、心事重重，阿龙、田中都有些莫名其妙，不知道发生了什么事。于是他们叫来了张栋做参谋。）

张　栋：伊莲娜，我听他俩说你这两天不高兴，有什么心事吗？说出来或许我们可以帮帮你。

伊莲娜：圣诞节马上就要来了，我的一个俄罗斯朋友让我帮她批发一批玩具回俄罗斯。

田　中：那你买了吗？

伊莲娜：我看了不少商店，不是太贵，就是不合适。

张　栋：那你去一德路玩具礼品批发市场了吗？

伊莲娜：什么？广州还有玩具礼品的批发市场？

张　栋：是啊，一德路有广州最大的玩具礼品批发市场，你想要的玩具礼品在那里都买得到。

伊莲娜：真的？太好了，我真应该早点儿问你！圣诞节一天天临近了，这几天我一直在为这件事发愁。你能不能给我多介绍一些细节？

张　栋：当然可以。一德路位于广州荔湾区、海珠区交界处，靠近珠江边。那里的玩具品种非常齐全，许多来自东南亚、中东、非洲，还有你们俄罗斯的客商都在那里提货。

伊莲娜：可我要买很多玩具，就是田中、阿龙他们帮我，也拿不了，怎么办?

张　栋：伊莲娜，你别发愁。你担心的，都不是问题。批发市场旁边肯定有快递公司，他们是一条龙式服务，可以把商品发往世界各地。

阿　龙：啊，什么龙?

张　栋：（笑着）是一条龙! 意思就是在工作环节上紧密联系和配合，衔接得非常好。

伊莲娜：那真是太好了，他们想得真周到!

张　栋：这个市场运营了许多年，已经非常成熟了，口碑很好。你完全可以空手去，空手回。

田　中：除了玩具礼品，那里还有什么?

张　栋：紧挨着一德路的仁济路口和长堤大马路附近，还有许多经营海味、食品、饮料、餐具、日用杂货、小百货的市场，里面的商品琳琅满目。别提有多热闹了。

伊莲娜：谢谢你，张栋! 这下子我就放心了。我要赶快告诉我朋友这个好消息。

生词

1. 愁眉不展　　chóuméibùzhǎn　　形容愁苦的神情
2. 心事重重　　xīnshìchóngchóng　　心里挂着很多沉重的顾虑或者烦恼

3. 莫名其妙	mòmíngqímiào		没有人能说出它的奥妙，表示事情很奇怪，使人难以理解
4. 参谋	cānmóu	（名）	出主意的人
5. 心事	xīnshì	（名）	心里老想着的事（多指感到为难的）
6. 或许	huòxǔ	（副）	也许
7. 玩具	wánjù	（名）	专供玩儿的东西
8. 礼品	lǐpǐn	（名）	礼物
9. 临近	línjìn	（动）	（时间、地区）接近，靠近
10. 发愁	fāchóu	（动）	因为没有主意或办法而愁闷
11. 细节	xìjié	（名）	细小的环节或情节
12. 交界	jiāojiè	（动）	两地相连，有共同的疆界
13. 提货	tíhuò	（动）	（从货栈、仓库等处）提取货物
14. 快递	kuàidì	（名）	特快专递的简称
15. 一条龙	yìtiáolóng	（名）	比喻紧密联系和配合的生产程序或工作环节
16. 衔接	xiánjiē	（动）	事物相连接
17. 运营	yùnyíng	（动）	（车船等）运行和营业
18. 成熟	chéngshú	（形）	发展到完善的程度
19. 口碑	kǒubēi	（名）	群众口头上的评价
20. 餐具	cānjù	（名）	吃饭的用具
21. 琳琅满目	línláng-mǎnmù		形容各种美好的东西很多（多指书籍或工艺品）
22. 别提	biétí	（动）	表示程度之深不必细说

专有名词

地名

1. 一德路　　Yīdé Lù
2. 荔湾区　　Lìwān Qū
3. 海珠区　　Hǎizhū Qū
4. 东南亚　　Dōngnán Yà
5. 中东　　　Zhōngdōng

练习

一、课文部分

（一）用正确的语调朗读下列句子

1. 伊莲娜，我听他俩说你这两天不高兴，有什么心事吗？说出来或许我们可以帮帮你。

2. 我看了不少商店，不是太贵，就是不合适。

3. 什么？广州还有玩具礼品的批发市场？

4. 是啊，一德路有广州最大的玩具礼品批发市场，你想要的玩具礼品在那里都买得到。

5. 真的？太好了，我真应该早点儿问你！圣诞节一天天临近了，这几天我一直在为这件事发愁。你能不能给我多介绍一些细节？

6. 可我要买很多玩具，就是田中、阿龙他们帮我，也拿不了，怎么办？

7. 伊莲娜，你别发愁。你担心的，都不是问题。批发市场旁边肯定有快递公司，他们是一条龙式服务，可以把商品发往世界各地。

8. 是一条龙！意思就是在工作环节上紧密联系和配合，衔接得非常好。

9. 这个市场运营了许多年，已经非常成熟了，口碑很好。你完全可以空手去，空手回。

10. 紧挨着一德路的仁济路口和长堤大马路附近，还有许多经营海味、食品、饮料、餐具、日用杂货、小百货的市场，里面的商品琳琅满目。别提有多热闹了。

（二）回答下列问题

1. 伊莲娜为什么愁眉不展？

2. 伊莲娜去了玩具商店，有什么感受？

3. 张栋给她介绍了哪里？

4. 一德路玩具礼品批发市场在哪里？有什么特点？

5. 如果买的东西很多，该怎么办？

6. 除了玩具礼品，那里还有什么东西可以购买？

7. 伊莲娜听了以后，满意吗？她想马上做什么？

二、词语部分

（一）写出下列词语的读音，然后填空

> 愁眉不展　　莫名其妙　　参谋　　或许
>
> 细节　　一条龙

1. 小美今天没来上课，（　　　　）生病了吧。

2. 他刚一到家，就被爸爸臭骂了一顿，搞得他（　　　　）。

3. 面对马上就要举办的展览会，总经理不敢有丝毫马虎，每个（　　　　）他都亲自过问。

4. 奥运会马上就要到了，运动员开始了魔鬼（　　　　）训练。

5. 马上就要考试了，面对这么多书，他（　　　　　），不知道该怎么办。

6. 当你要找男朋友的时候，最好听听父母的建议，因为他们是最好的
（　　　　　）。

（二）用下列词语造句

| 临近　　　心事重重　　　交界　　　口碑　　　运营　　　琳琅满目　　　别提 |

三、讨论题

1. 你小时候玩过什么有趣的玩具吗？

2. 你觉得成年人该不该有玩具？

留学广州

热身练习

1. 你去过广州老城区吗？有什么感觉？

2. 你尝过什么广州传统食物？

第九课

西关美食

（期末考试总算结束了，田中、阿龙、伊莲娜都有些筋疲力尽。他们商量着去哪里放松一下，尝尝广州的美食。很自然地，他们又想起了张栋。）

张　栋：你们考试考得怎么样啊？

阿　龙：唉，别提了！汉字对我来说是最复杂的！有些字我写了很多遍，但是考试的时候又忘了！

伊莲娜：我也是。这段时间，我感觉我都得了抑郁症，头发都掉了好多！

张　栋：哈哈，伊莲娜，你连抑郁症都知道了！

伊莲娜：老师告诉我的。老师看我不开心，跟我开玩笑。可我觉得是真的！

张　栋：田中的表情看起来这么镇定，应该成绩不错！

（田中笑着不说话。）

伊莲娜：田中每次都考得很好。他的汉字写得特别漂亮，就像中国人写的一样。

田　中：别夸我了！好几道题我的答案都有些模棱两可，答不到要害处。

阿　龙：田中，你太谦虚了！

张　栋：好了，考完了就把它忘了吧！今天我带你们去广州的老城区走一走。

伊莲娜：老城区？离我们这里远吗？

张　栋：看你怎么去了！如果坐公交车，不塞车的话，可能要四十多分钟；如果坐地铁，就会快很多。

阿　龙：这个学期我们很少出去，就坐公交车去那里吧，顺便看看街景。

张　栋：没问题！今天我们时间都很充裕，那我们就坐公交车去吧！

田　中：哦，是啊！广州的公共交通四通八达，也是很方便的！

（他们出了校门，坐上了公交车。）

伊莲娜：张栋，我不明白。每次到站时，都会有人喊"有落，有落"，是什么意思？

张　栋：哦，他们是在提醒司机，他们要下车。"落"就是"下"的意思。这是广州方言的说法。

（他们下了车，走在西关老城区的石板路上。）

阿　龙：你们看，这种建筑太奇特了！今天这么热，可我们走在下面，太阳竟然也晒不到我们！

张　栋：哦，这是我们广州老城区特有的骑楼，在广州有40公里长呢！不管是刮风下雨，还是大太阳，人们都可以走在骑楼下面，不受干扰。好的，现在我们的西关美食之旅开始喽！

伊莲娜：啊，张栋，你点了这么多不同样式的菜，我们怎么吃呢？

张　　栋：是啊，我每样都点了一个，我们大家可以分着吃。

田　　中：这些菜摆在一起，就像一幅色彩艳丽的广告画，让人看了就流口水！

张　　栋：这里有云吞面、艇仔粥、干炒牛河、布拉肠粉，还有萝卜牛腩、马蹄糕、糯米鸡。

田　　中：云吞面里的云吞，皮这么薄，可以看见里面的虾仁。汤真好喝，面也很有嚼头。

张　　栋：广州人饮食讲究清淡，不喜欢多油多盐，这样对身体也有好处。

伊莲娜：艇仔粥吃起来爽滑顺口，特别美味。

阿　　龙：我喜欢萝卜牛腩，特别是萝卜，鲜香可口。

张　　栋：我最喜欢的是干炒牛河，牛肉很嫩，不会腻口。还有啊，广州居住着天南海北的人，我们的饮食受他们的影响很大，现在我也喜欢吃面条、饺子，还有辣的食物。（说着，张栋舀了两勺辣椒，拌在干炒牛河里。）

（伊莲娜看着张栋碗里红色的牛河，露出难以置信的表情。）

伊莲娜：你真的不怕辣吗？

张　　栋：（笑着）我们还有香甜的马蹄糕呢！来，一人一块儿。大家慢慢吃！

生词

1. 筋疲力尽	jīnpí-lìjìn		形容非常疲劳，一点儿力气也没有了
2. 复杂	fùzá	（形）	不简单；（事物的种类、头绪等）多而杂

3. 抑郁症　　　yìyùzhèng　　（名）　一种精神疾病，症状是情绪低落、自我责难、焦虑不安或反应迟钝等，严重时会自我伤害或自杀，也叫忧郁症

4. 镇定　　　　zhèndìng　　（形）　平静，不慌张；遇到紧急的情况不慌不乱

5. 成绩　　　　chéngjì　　　（名）　工作或学习的收获

6. 模棱两可　　móléng-liǎngkě　　　含糊，不明确；没有明确的态度或意见

7. 要害　　　　yàohài　　　（名）　比喻关键的或重要的部分

8. 谦虚　　　　qiānxū　　　（形）　虚心，不自满，肯接受批评

9. 塞车　　　　sāichē　　　（动）　堵车；路上车太多，走走停停

10. 顺便　　　　shùnbiàn　　（副）　趁做某事的方便（做另一件事）

11. 充裕　　　　chōngyù　　（形）　充足有余；宽裕

12. 四通八达　　sìtōng-bādá　　　　形容交通非常便利

13. 提醒　　　　tíxǐng　　　（动）　从旁指点，促使注意

14. 奇特　　　　qítè　　　　（形）　跟寻常的不一样；奇怪而特别

15. 竟然　　　　jìngrán　　（副）　表示出乎意料；不可能发生的事情发生了

16. 骑楼　　　　qílóu　　　（名）　外廊式建筑，楼房向外伸出在人行道上的部分

17. 干扰　　　　gānrǎo　　（动）　影响；扰乱；打扰

18. 色彩艳丽　　sècǎi yànlì　　　　色彩鲜艳漂亮

19. 嚼头　　　　jiáotou　　（名）　食物有韧劲，经得起咀嚼

20. 清淡　　　　qīngdàn　　（形）　（食物）含油脂少

21. 爽滑顺口　　shuǎnghuá shùnkǒu　形容食物的味道容易入口，不油腻

22. 嫩　　　　　nèn　　　　（形）　指某些食物烹调时间短，容易咀嚼

23. 腻口　　　　nìkǒu　　　（形）　食物中油太多，使嘴里不舒服

24. 天南海北　　tiānnán-hǎiběi　　　相距遥远的不同地方

25. 辣椒　　　　làjiāo　　　　（名）　一种调味品，有辣味

26. 难以置信　nányǐ zhìxìn　　　　　很难相信

专有名词

菜名

1. 云吞面　　　　　　yúntūnmiàn

2. 艇仔粥　　　　　　tǐngzǎizhōu

3. 干炒牛河　　　　　gānchǎo niúhé

4. 布拉肠粉　　　　　bùlā chángfěn

5. 萝卜牛腩　　　　　luóbo niúnǎn

6. 马蹄糕　　　　　　mǎtígāo

7. 糯米鸡　　　　　　nuòmǐjī

8. 云吞　　　　　　　yúntūn

9. 虾仁　　　　　　　xiārén

练习

一、课文部分

（一）用正确的语调朗读下列句子

1. 唉，别提了！汉字对我来说是最复杂的！有些字我写了很多遍，但是考试的时候又忘了！

2. 我也是。这段时间，我感觉我都得了抑郁症，头发都掉了好多！

3. 田中每次都考得很好。他的汉字写得特别漂亮，就像中国人写的一样。

4. 田中，你太谦虚了！

5. 好了，考完了就把它忘了吧！今天我带你们去广州的老城区走一走。

6. 看你怎么去了！如果坐公交车，不塞车的话，可能要四十多分钟；如果坐地铁，就会快很多。

7. 没问题！今天我们时间都很充裕，那我们就坐公交车去吧！

8. 你们看，这种建筑太奇特了！今天这么热，可我们走在下面，太阳竟然也晒不到我们！

9. 哦，这是我们广州老城区特有的骑楼，在广州有40公里长呢！不管是刮风下雨，还是大太阳，人们都可以走在骑楼下面，不受干扰。好的，现在我们的西关美食之旅开始喽！

10. 我最喜欢的是干炒牛河，牛肉很嫩，不会腻口。还有啊，广州居住着天南海北的人，我们的饮食受他们的影响很大，现在我也喜欢吃面条、饺子，还有辣的食物。

（二）回答下列问题

1. 阿龙和伊莲娜都觉得什么最难学？

2. 田中考得好吗？他的汉字写得怎么样？

3. 去广州老城区，张栋说了几种方法？分别花多长时间？

4. "有落"是什么意思？

5. 走在街上，为什么太阳晒不到他们？

6. 骑楼一般在广州什么地方？有什么作用？

7. 云吞面和艇仔粥有什么特点？

8. 张栋的饮食有什么变化吗？为什么？

二、词语部分

（一）写出下列词语的读音，然后填空

筋疲力尽	复杂	镇定	模棱两可	要害
色彩艳丽	充裕	难以置信		

1. 他说话总是（　　　　　）的，让人很难明白他的意思。

2. 这道题太（　　　　　）了，我想了半天，也不知道答案。

3. 如果你们时间很（　　　　　），就去爬白云山吧。

4. 老师一句话点到了（　　　　　）的地方，他一下子就明白了。

5. 马拉松比赛结束了，很多选手到达终点时，已经（　　　　　）了。

6. 他的汉语比有些中国人说得还要好，真令人（　　　　　）。

7. 他们陶醉在（　　　　　）的美景中，每个人都感动极了。

8. 遇到困难，你必须（　　　　　），否则事情会变得更糟。

（二）用下列词语造句

| 总算 | 商量 | 抑郁症 | 顺便 | 四通八达 | 奇特 |

三、讨论题

1. 谈谈你们国家城市的老城区有什么特点。

2. 你喜欢老城区还是新城区？为什么？

留学
广州

热身练习

1. 你去过北京路吗？

2. 你吃过北京路的什么小吃？

第 十 课

古老的街道——北京路

(田中早就听说北京路是广州很有名的一条街道，他要求张栋带他们去看看。)

张　　栋：你们要去北京路呀？你们现在都是半个广州通了，自己都可以去，还要叫我！

伊莲娜：我们自己是可以去，可是我们都觉得，有了你这个东道主，我们心里才更有底！

张　　栋：我是在开玩笑。我非常乐意做你们的向导，和你们在一起，我也很快乐！我们边走边说吧。

伊莲娜：我们去坐地铁吧，我查过了，应该在公园前站下车。

阿　　龙：张栋，为什么到广州的人都要去北京路？

张　　栋：因为北京路一直都是广州最繁华的商业中心。那儿不仅有大型的百货商店、文化娱乐中心、特色商店，步行街上还有数不胜数的各种小吃。

田　　中：听你这样说，看着眼前的这一切，我觉得它就像是东京的银座。

张　　栋：如果让我来比喻，它就像是北京的王府井，上海的南

京路，武汉的汉正街。而且呀，在北京路不远处的解
放北路还有一个特别的地方！

伊莲娜：什么地方？

张　　栋：今天街上人不多，我们走过去吧，到时候你们就看
　　　　　到了。

阿　　龙：这是哪里？像个博物馆。

张　　栋：你说对了，这是西汉南越王博物馆。南越王是现在已
　　　　　知的广州最早的统治者，距离今天已有两千多年的历
　　　　　史了。在这里可以了解到古代广州人的生活。

田　　中：想不到广州已经有这么悠久的历史了！

张　　栋：是啊，里面收藏的珍品非常多，可以看到许多精美的
　　　　　器具。还可以看到古代帝王陵墓的原貌呢！

伊莲娜：啊，想不到票价只要 10 元。

张　　栋：你错了，你们每人只需要 5 元就行了。这也是我刚才
　　　　　让你们带上学生证的原因。

阿　　龙：谢谢你这个向导，我们不仅节省了钱，还可以领略中
　　　　　国悠久的历史文化。

张　　栋：不用客气了，我们快进去吧。

（从南越王墓出来后，他们几个边走边聊。）

阿　　龙：想不到两千多年前的古人就能制作出如此精美的器
　　　　　具！真是令人叹为观止！

张　　栋：阿龙，真应该为你鼓掌，你的汉语越来越好了！这个
　　　　　成语用得很准确！你说的没错，古代帝王的生活肯定
　　　　　是很奢华的。

伊莲娜：那个古代帝王的酒杯是用象牙做的，感觉沉甸甸的。
他们的酒量应该很大。

（田中一直不说话，似乎在沉思。阿龙打趣地凑近田中，目不转睛地看着他。）

阿　龙：我们的军师，请问你怎么了？

田　中：（还沉浸在自己的遐想中）看到那一套做工精巧的编钟，我在想，它演奏出来的乐声……（迟疑地说）悠扬、婉转，人也会不知不觉，变得严肃起来吧！

（望着田中痴迷的样子，大家都笑了起来。）

张　栋：（拍了拍田中的肩膀）田中，醒一醒吧！看你如此虔诚，我带你去一个神圣的地方，给你算一卦。

伊莲娜：啊，还有比帝王宫殿更神圣的地方吗？

张　栋：当然有了！到了那里，再高贵的帝王也会毕恭毕敬的！

（转眼间，他们又来到附近的大佛寺。）

张　栋：（低着头，双手合十，压低音量）各位香客，请进吧！

生词

1. 通	tōng	（名）	这里指精通某一方面的人
2. 繁华	fánhuá	（形）	（城镇、街市）繁荣热闹
3. 步行街	bùxíngjiē	（名）	只准人步行，不准车辆通行的街，大都是商业繁华地段
4. 数不胜数	shùbúshèngshù		非常多，数不过来，形容很多

5.	统治者	tǒngzhìzhě	（名）	管理国家的人
6.	悠久	yōujiǔ	（形）	年代久远
7.	珍品	zhēnpǐn	（名）	珍贵的物品
8.	精美	jīngměi	（形）	精致美好
9.	器具	qìjù	（名）	用具；工具
10.	陵墓	língmù	（名）	领袖或革命烈士的坟墓；帝王或诸侯的坟墓
11.	原貌	yuánmào	（名）	原来的面貌；本来的样子
12.	领略	lǐnglüè	（动）	了解事物的情况，进而认识它的意义，或者辨别它的滋味
13.	叹为观止	tànwéiguānzhǐ		指赞美看到的事物好到极点
14.	鼓掌	gǔzhǎng	（动）	拍手，多表示高兴、欢迎、赞同
15.	奢华	shēhuá	（形）	奢侈豪华
16.	象牙	xiàngyá	（名）	象的门牙
17.	沉甸甸	chéndiàndiàn	（形）	形容沉重
18.	打趣	dǎqù	（动）	拿人开玩笑；嘲弄
19.	凑近	còujìn	（动）	朝某个目标靠近
20.	目不转睛	mùbùzhuǎnjīng		不转眼地（看），形容注意力集中
21.	沉浸	chénjìn	（动）	浸入水中，多比喻人处于某种气氛或思想活动中
22.	遐想	xiáxiǎng	（动）	悠远地思索或想象
23.	编钟	biānzhōng	（名）	古代打击乐器
24.	悠扬	yōuyáng	（形）	形容声音时高时低而和谐
25.	婉转	wǎnzhuǎn	（形）	（歌声、鸟鸣声等）抑扬动听
26.	不知不觉	bùzhī-bùjué		没有想到，没有意识到
27.	痴迷	chīmí	（动）	深深地喜欢或迷恋

28. 虔诚	qiánchéng	（形）	恭敬而有诚意
29. 算卦	suànguà		根据卦象推算吉凶等
30. 神圣	shénshèng	（形）	极其崇高而庄严；不可亵渎
31. 毕恭毕敬	bìgōng-bìjìng		形容十分恭敬
32. 香客	xiāngkè	（名）	朝山进香的人

练习

一、课文部分

（一）用正确的语调朗读下列句子

1. 你们要去北京路呀？你们现在都是半个广州通了，自己都可以去，还要叫我！

2. 我是在开玩笑。我非常乐意做你们的向导，和你们在一起，我也很快乐！我们边走边说吧。

3. 因为北京路一直都是广州最繁华的商业中心。那儿不仅有大型的百货商店、文化娱乐中心、特色商店，步行街上还有数不胜数的各种小吃。

4. 如果让我来比喻，它就像是北京的王府井，上海的南京路，武汉的汉正街。而且呀，在北京路不远处的解放北路还有一个特别的地方！

5. 你说对了，这是西汉南越王博物馆。南越王是现在已知的广州最早的统治者，距离今天已有两千多年的历史了。在这里可以了解到古代广州人的生活。

6. 是啊，里面收藏的珍品非常多，可以看到许多精美的器具。还可以看到古代帝王陵墓的原貌呢！

7. 想不到两千多年前的古人就能制作出如此精美的器具！真是令人叹为观止！

8. 我们的军师，请问你怎么了？

9. 田中，醒一醒吧！看你如此虔诚，我带你去一个神圣的地方，给你算一卦。

10. 啊，还有比帝王宫殿更神圣的地方吗？

（二）回答下列问题

1. 为什么到广州的人都要去北京路？

2. 张栋是怎么比喻北京路的？

3. 去北京路，要在哪一个地铁站下车？

4. 介绍一下西汉南越王博物馆。

5. 西汉南越王博物馆票价是多少元？田中他们为什么只用 5 元就可以了？

6. 阿龙他们是怎么评价南越王墓的？

7. 张栋又带他们去了哪里？

二、词语部分

（一）写出下列词语的读音，然后填空

痴迷	数不胜数	奢华	婉转	目不转睛
叹为观止	不知不觉	虔诚	……通	

1. 昨天我去了广州图书馆，里面的图书看上去真是（　　　　　）。

2. 听着这首乐曲，我慢慢地（　　　　　）其中。

3. 那个古代帝王的生活非常（　　　　　）。

4. 孩子们（　　　　　）地看着魔术师的表演，他们脸上的表情特别丰富。

5. 很多去寺庙里拜佛的人，内心都非常（　　　　　）。

6. 她的歌声就像百灵鸟一样（　　　　　）动听。

7. 他是一个汉语（　　　　　），去过中国很多地方。

8. 听着奶奶唱的儿歌，他（　　　　　）就睡着了。

9. 这次书法比赛，很多作品都令人（　　　　　），印象深刻。

（二）用下列词语造句

> 沉思　　精美　　打趣　　繁华　　神圣　　悠久

三、讨论题

1. 你去过中国的哪一个博物馆，有什么感受？
2. 给大家介绍一个你们国家的博物馆。

留学
广州

热身练习

1. 你爬过白云山吗？

2. 你夜游过珠江吗？

第十一课

云山珠水

（周六下午，张栋约阿龙、田中和伊莲娜一起去爬白云山。）

张　栋：伊莲娜，今天我们去爬白云山，你可不能穿高跟鞋！

阿　龙：否则你的腿会断的！

伊莲娜：不用你们说，我早就准备好了！

田　中：张栋，我在电视里看到白云山很漂亮，它应该很有
　　　　名，是吗？

张　栋：是啊，白云山在广东省都很有名，自古就有"羊城第
　　　　一秀"的称号，那里古树参天，青山绿水，鸟语花
　　　　香，非常漂亮。

（他们边走边聊，来到了白云山。）

阿　龙：我经常听到学校里一些老师说要去爬山，应该就是爬
　　　　白云山了，是吗？

张　栋：是的，爬山是一种很好的锻炼方式。很多人退休以
　　　　后，每周都会去爬白云山。城市里污染比较严重，而
　　　　白云山就起到了一个很好的调节作用。你们看，到处
　　　　都是树。

伊莲娜：这里风景真好！空气也很清新。

田　中：这里的温度似乎也比市区低，风一吹，很凉爽、很舒服！

张　栋：是啊，人们把白云山称为广州的"肺"。

阿　龙：啊，这个比喻太恰当了！

伊莲娜：站在山顶，看着广州这座城市太美了！

张　栋：你们的兴致这么高，我突然有了一个想法，不知你们
　　　　同意不同意？

阿　龙：什么想法？你快说！

张　栋：你们看，现在已经是傍晚了，我们坐车去珠江夜游吧。

伊莲娜：太好了，我们去吧！田中、阿龙，你们的意见呢？

田中、阿龙：好吧，听你们的。

张　栋：珠江夜游的航船有好多种，票价也不一样。我们就选
　　　　最实惠的那种吧。

（他们乘船夜游珠江。）

阿　龙：广州这座城市，有山有水，地理位置太好了。

田　中：珠江两岸的景色这么优美，真让人陶醉！

伊莲娜：中国人把长江、黄河称为"母亲河"，珠江也应该是
　　　　广州人的"母亲河"吧？

张　栋：你说得没错，伊莲娜！你们看，这就是海心沙，2010 年
　　　　广州亚运会的开幕式和闭幕式就是在这里举行的。

阿　龙：中国人真是太有创意了，在珠江的小岛上建了这么一
　　　　座宏伟的剧场！

伊莲娜：看那儿，那座塔更漂亮！

张　栋：啊，那是广州塔，我们广州人又称它为"小蛮腰"。

田　中："小蛮腰"？这个名字真贴切！

阿　龙：它就像一位漂亮的"少女"矗立在那里！而且，这已
　　　　经是我第二次和"她"见面了。

张　栋：是啊，可这位"少女"的"身高"很高啊，有 600 米
　　　　高，是中国最高的电视塔。

伊莲娜：太漂亮了，张栋！以后我也要做一个广州人，永远生
　　　　活在这里！

田中、阿龙：我们也要做广州人！

张　栋：哈哈，你们早已经是广州人了！

生词

1. 否则	fǒuzé	（连）	如果不是这样
2. 自古	zìgǔ	（副）	从古代以来，从来
3. 参天	cāntiān	（动）	（树木等）高耸在天空中
4. 鸟语花香	niǎoyǔ-huāxiāng		鸟儿叫，花儿飘香，多形容春天魅人的景象
5. 方式	fāngshì	（名）	说话做事所采取的方法和形式
6. 退休	tuìxiū	（动）	职工因年老或因公致残等而离开工作岗位，按期领取生活费用
7. 污染	wūrǎn	（动）	有害物质混入空气、土壤、水源等而造成危害
8. 调节	tiáojié	（动）	从数量上或程度上调整，使适合要求
9. 清新	qīngxīn	（形）	清爽而新鲜
10. 似乎	sìhū	（副）	好像，仿佛
11. 肺	fèi	（名）	人和高等动物的呼吸器官

12. 比喻	bǐyù	（名）	修辞方式，用某些有类似点的事物来比方想要说的某一事物，以便表达得更加生动鲜明
13. 恰当	qiàdàng	（形）	合适，妥当
14. 兴致	xìngzhì	（名）	兴趣
15. 陶醉	táozuì	（动）	很满意地沉浸在某种境界或思想活动中
16. 开幕式	kāimùshì	（名）	运动会或者大型活动开始前的仪式和表演
17. 闭幕式	bìmùshì	（名）	运动会或者大型活动结束时举行的仪式和表演
18. 创意	chuàngyì	（名）	有创造性的想法、构思等
19. 宏伟	hóngwěi	（形）	（规模、计划等）宏大雄伟
20. 剧场	jùchǎng	（名）	供演出戏剧、歌曲、曲艺等用的场所
21. 贴切	tiēqiè	（形）	（措辞等）恰当、确切
22. 矗立	chùlì	（动）	高耸地立着

专有名词

地名

海心沙　　　　Hǎixīnshā

练习

一、课文部分

（一）用正确的语调朗读下列句子

1. 伊莲娜，今天我们去爬白云山，你可不能穿高跟鞋！

2. 不用你们说,我早就准备好了!

3. 是啊,白云山在广东省都很有名,自古就有"羊城第一秀"的称号,那里古树参天,青山绿水,鸟语花香,非常漂亮。

4. 是的,爬山是一种很好的锻炼方式。很多人退休以后,每周都会去爬白云山。城市里污染比较严重,而白云山就起到了一个很好的调节作用。你们看,到处都是树。

5. 这里的温度似乎也比市区低,风一吹,很凉爽、很舒服!

6. 站在山顶,看着广州这座城市太美了!

7. 太好了,我们去吧!田中、阿龙,你们的意见呢?

8. 中国人把长江、黄河称为"母亲河",珠江也应该是广州人的"母亲河"吧?

9. 中国人真是太有创意了,在珠江的小岛上建了这么一座宏伟的剧场!

10. 是啊,可这位"少女"的"身高"很高啊,有600米高,是中国最高的电视塔。

(二) 回答下列问题

1. 阿龙为什么说伊莲娜的腿会断?

2. 白云山有什么特点?

3. 爬白云山有什么好处?

4. 阿龙为什么说广州的地理位置很好?

5. 中国人的"母亲河"是什么河?

6. "海心沙"为什么很有名?

7. 广州塔又被称为什么?阿龙说它像什么?

8. "小蛮腰"有多高?在中国排名第几?

二、词语部分

（一）写出下列词语的读音，然后填空

| 否则　　鸟语花香　　方式　　退休　　污染　　清新　　兴致 |

1. 中国男性（　　　　　）的年龄是 60 岁，女性是 55 岁。

2. 大山里的空气非常（　　　　　），很多人会去那里过周末。

3. 走进植物园，大家都被这（　　　　　）的美景吸引住了。

4. 你的观点有一定道理，但你说话的（　　　　　）不好。

5. 忙了一个月，总算可以出去放松一下了，大家的（　　　　　）都很高。

6. "你要好好学习啊，（　　　　　）考不上好大学，你将来会很辛苦的！"爸爸对孩子说。

7. 十多年前，珠江（　　　　　）得很严重，现在，情况已经好多了。

（二）用下列词语造句

| 似乎　　恰当　　陶醉　　创意　　宏伟　　矗立　　凉爽 |

三、讨论题

1. 你们国家有名的山是什么山？

2. 介绍一下你们国家有名的河流。

热身练习

1. 你去过广州的长隆欢乐世界吗？

2. 你认为哪个国家或地区的游乐场所最发达？

第 十二 课

刺激的一天

（田中、阿龙、伊莲娜三人上个周末一起去了长隆欢乐世界。再次见到张栋，他们还是掩饰不住自己兴奋的心情，七嘴八舌地描述游玩的过程。）

阿　龙：张栋，上个星期你没有和我们一起去长隆欢乐世界
　　　　玩，真是太可惜了！

张　栋：是啊，我也觉得很遗憾！看样子你们一定玩得很
　　　　尽兴。

伊莲娜：是啊，我没有想到长隆欢乐世界那么大，我们一进去
　　　　都不知道该玩什么，因为里面游玩的项目太多了，简
　　　　直让人眼花缭乱。

张　栋：那你们就给我描述一下印象最深刻的是什么，以后我
　　　　可以和朋友们一起去！

伊莲娜：我最喜在四维影院里看电影，特技效果让人有身临
　　　　其境的感觉。

阿　龙：是啊，伊莲娜不停地尖叫，站都站不稳，我和田中不
　　　　得不扶住她。

伊莲娜：大家都很兴奋，你们不是也笑个不停吗？

阿　龙：的确很逼真！不过我印象最深刻的是过山车，简直太刺激了。更令我没有想到的是，这个设备竟然是我们意大利的一家公司制造的。

张　栋：长隆欢乐世界刚建成的时候，我就听说里面的许多游乐设施是从欧洲进口的，都是世界上最先进的。田中，你呢，最喜欢玩什么？

田　中：我觉得在"世界水上游乐之王"里打超级水战是最吸引人的，它适合各种年龄的人玩。如果你玩得好，特别有成就感。

伊莲娜：田中是个游泳健将，在里面如鱼得水。幸亏他保护我，否则我就会很惨！

阿　龙：（做出很委屈的样子）还有我呢！为了你，我"牺牲"了很多次。

（伊莲娜连忙拥抱阿龙，安慰他。）

伊莲娜：当然忘不了！你们俩都是勇敢的战士！

阿　龙：我在开玩笑呢！张栋，你知道吗？里面很多项目，像U形滑板、超级大摆钟都很有意思，简直就是年轻人的乐园！

伊莲娜：而且呀，里面还有许多儿童游乐项目，小孩子可喜欢了！

张　栋：玩了这么多项目，一定很累吧？

田　中：可不是！我们玩得很尽兴。中午的时候，大家都饿极了。

阿　龙：里面的服务设施很齐全，有许多特色餐厅。我们是去意大利餐厅吃的午饭，很地道！

张　栋：听你们这样说，我都迫不及待想去看看了。

伊莲娜：下次你去的时候，一定要告诉我们，我们还想去。

张　栋：好的，到时我们一起去玩个够。

生词

1. 掩饰	yǎnshì	（动）	设法掩盖（真实的情况）
2. 兴奋	xīngfèn	（形）	振奋；激动
3. 七嘴八舌	qīzuǐbāshé		人多嘴杂，其说不一
4. 可惜	kěxī	（形）	令人惋惜
5. 遗憾	yíhàn	（形）	不称心；大可惋惜
6. 尽兴	jìnxìng	（动）	兴趣得到尽量满足
7. 眼花缭乱	yǎnhuā-liáoluàn		眼睛看见复杂纷繁的东西而感到迷乱
8. 四维	sìwéi	（名）	物理学中以维度来形容时空坐标的数目，四维即四个维度；这里指一种新式电影
9. 特技	tèjì	（名）	电影用语，指摄制特殊镜头的技巧
10. 身临其境	shēnlínqíjìng		亲自面临那种境地
11. 逼真	bīzhēn	（形）	极像真的
12. 过山车	guòshānchē	（名）	游乐场中一种惊险、刺激的大型娱乐设备，一组车依靠惯性沿上下起伏的轨道高速滑行
13. 刺激	cìjī	（动）	使人激动
14. 成就	chéngjiù	（名）	事业上的成绩
15. 健将	jiànjiàng	（名）	称某种活动中的能手

16. 如鱼得水　　rúyúdéshuǐ　　　　　　　形容遇到的人跟自己很投合或所处的
　　　　　　　　　　　　　　　　　　　　　环境对自己很适合

17. 幸亏　　　　xìngkuī　　　（副）　　表示由于偶然出现的有利条件而避免
　　　　　　　　　　　　　　　　　　　　了某种不利的事情

18. 委屈　　　　wěiqu　　　　（形）　　受到不该有的指责或待遇，心里难过

19. 牺牲　　　　xīshēng　　　（动）　　为了正义的目的舍弃自己的生命

20. 安慰　　　　ānwèi　　　　（动）　　使心情安适

21. 勇敢　　　　yǒnggǎn　　　（形）　　不怕危险和困难，有胆量

22. U 形滑板　　U xíng huábǎn　　　　　一种游戏名称

23. 超级大摆钟　chāojí dà bǎizhōng　　　一种游戏名称

24. 地道　　　　dìdao　　　　（形）　　真正是有名产地出产的；（工作或材
　　　　　　　　　　　　　　　　　　　　料的质量）实在，够标准

25. 迫不及待　　pòbùjídài　　　　　　　急迫得不能再等待

专有名词

地名

长隆欢乐世界　　Chánglóng Huānlè Shìjiè

练习

一、课文部分

（一）用正确的语调朗读下列句子

1. 张栋，上个星期你没有和我们一起去长隆欢乐世界玩，真是太可惜了！

2. 是啊，我没有想到长隆欢乐世界那么大，我们一进去都不知道该玩什么，因为里面游玩的项目太多了，简直让人眼花缭乱。

3. 那你们就给我描述一下印象最深刻的是什么，以后我可以和朋友们一起去！

4. 我最喜欢在四维影院里看电影，特技效果让人有身临其境的感觉。

5. 的确很逼真！不过我印象最深刻的是过山车，简直太刺激了。更令我没有想到的是，这个设备竟然是我们意大利的一家公司制造的。

6. 长隆欢乐世界刚建成的时候，我就听说里面的许多游乐设施是从欧洲进口的，都是世界上最先进的。田中，你呢，最喜欢玩什么？

7. 田中是个游泳健将，在里面如鱼得水。幸亏他保护我，否则我就会很惨！

8. 我在开玩笑呢！张栋，你知道吗？里面很多项目，像 U 形滑板、超级大摆钟都很有意思，简直就是年轻人的乐园！

9. 里面的服务设施很齐全，有许多特色餐厅。我们是去意大利餐厅吃的午饭，很地道！

10. 听你们这样说，我都迫不及待想去看看了。

（二）回答下列问题

1. 他们三个人周末去哪里玩了？

2. 他们三个人分别喜欢玩什么项目？为什么？

3. 长隆欢乐世界里的很多设备都是从哪里进口的？有什么特点？

4. 田中擅长什么运动项目？

5. 伊莲娜是怎么安慰阿龙的？

6. 小孩子喜欢长隆欢乐世界吗？为什么？

7. 长隆欢乐世界有餐厅吗？他们是在哪里吃的饭？

8. 听了他们的介绍，张栋有什么感受？

9. 伊莲娜对张栋提了什么要求？

二、词语部分

（一）写出下列词语的读音，然后填空

掩饰	七嘴八舌	遗憾	眼花缭乱	身临其境
牺牲	如鱼得水	迫不及待	……感	

1. 除夕晚上，珠江两岸放起了五光十色的烟花，令人（　　　　　）。

2. 刚一回国，阿龙就（　　　　　）地跟朋友说起了在中国的见闻。

3. 下课后，大家（　　　　　）地围着老师问问题。

4. 伊莲娜的 HSK 成绩出来了，她很有一种挫败（　　　　　）。

5. 你来到广州，没有吃粤菜，实在是太（　　　　　）了！

6. 她无法（　　　　　）自己激动的心情，因为她爸爸妈妈来中国看她了。

7. 老师告诉大家，要想在学习上（　　　　　），就得付出汗水和努力。

8. 这部小说里，战争的场面描述得太真实了，令人（　　　　　）。

9. 老师（　　　　　）了自己的周末，给学生们补习汉语。

（二）用下列词语造句

尽兴	刺激	逼真	成就	委屈	勇敢	幸亏

三、讨论题

1. 你喜欢去游乐场所玩吗？

2. 你最喜欢的游乐项目是什么？

留学广州

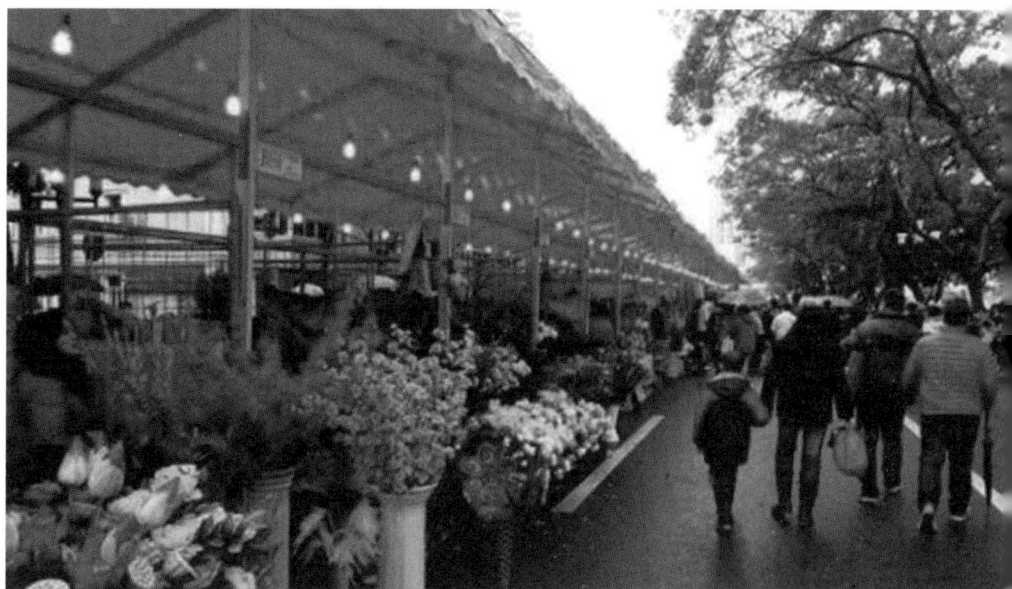

热身练习

1. 你逛过广州的花市吗？

2. 在你们国家，各种鲜花有什么说法吗？

第 十三 课

逛花市

（转眼间，已到中国农历新年。大街上的年味越来越浓，张栋邀请阿龙、田中、伊莲娜三人去逛广州的花市。）

阿　龙：我早就听说广州的花市很有名，今天能来看一看，真是太好了！

伊莲娜：张栋，到了新年，人们都会来逛花市吗？

张　栋：很多人都会来逛花市，买一些自己喜欢的花卉，预祝来年有一个好兆头。你们看，热闹吧！

田　中：在我们日本，每年三、四月份是樱花节，人们都会去公园赏花，也很热闹！但是这个时候，日本还是冰天雪地的冬季。

伊莲娜：在我们俄罗斯，也是这样，非常寒冷。这时候的鲜花一定是进口的！

张　栋：所以，我带你们来看看花市，一是体验一下广州普通人的生活，二是希望你们明年也能有一个好的开始！

田　中：张栋，我想，这里的鲜花都会有一些寓意吧？

张　　栋：是的。广州的花市已有近千年的历史，人们赋予许多鲜花一定的寓意，也就是我们说的"意头"，目的是表达对生活的热爱和对未来美好的憧憬。

阿　　龙：这是什么花？叶子很漂亮！

张　　栋：这叫红掌。你看它的形状像不像一个手掌？颜色是大红色的。红色在中国是一个非常吉祥、富贵的颜色。它代表的是大展宏图。

伊莲娜：难怪那么多年轻人买这种花！

田　　中：这是什么花？像一个个黄色的葫芦。

张　　栋：这叫黄金果，意思就是黄金万两。做生意的人最喜欢买这种花装饰门面。

伊莲娜：这个呢，是什么花？

张　　栋：哦，这是风信子，它有很多品种，每种颜色又不一样。它象征胜利、喜悦。

阿　　龙：张栋，鲜花的寓意除了和颜色有关，还和什么有关？

张　　栋：嗯，还和数字有一定的关系。比如说，人们送花一般会送双数，表示好事成双，但不会送4枝花，因为4和"死"是谐音。另外，花卉的标价也很有讲究，你们看到了吗？价钱一般都是"3""8""9"，与"生""发""久"谐音，寓意生生猛猛、发大财、长长久久。

伊莲娜：想不到花市里的知识这么丰富！

田　　中：花市这么大，我们转了快一个小时了，还没有走完！

张　　栋：体育中心的这个花市是广州市最大的。现在人们生活水平提高了，许多人都喜欢用鲜花来装点生活。你看，那家人抬着一盆金桔，是希望来年生活大吉大利；那个年轻人手里拿着两枝桃花，肯定是希望在新的一年里能交上桃花运。而且呀，在花市里，还会看到许多传统的民俗，比如粤剧表演、讲古、传统小吃等等。

伊莲娜：真是太漂亮了，希望这个世界上的每一个人都能拥有美好的明天！

张　栋：是啊，你说得真好，伊莲娜！我带你们去买一些"福"字吧，装点一下你们的房间，来年你们一定会顺顺利利的！

阿龙、田中、伊莲娜：好啊，我们也要入乡随俗。买东西去喽！

生词

1. 逛	guàng	（动）	游览
2. 农历	nónglì	（名）	中国的传统历法
3. 花卉	huāhuì	（名）	花草
4. 预祝	yùzhù	（动）	预先祝愿
5. 兆头	zhàotou	（名）	预兆
6. 樱花节	yīnghuājié	（名）	日本的节日
7. 寓意	yùyì	（名）	寄托或隐含的意思
8. 赋予	fùyǔ	（动）	交给（重大任务、使命等）
9. 意头	yìtou	（名）	兆头
10. 目的	mùdì	（名）	想要得到的结果，想要达到的地点或境地
11. 憧憬	chōngjǐng	（动）	向往
12. 吉祥	jíxiáng	（形）	幸运；吉利

13. 大展宏图	dàzhǎn hóngtú		放手实施宏伟的计划和设想
14. 装饰	zhuāngshì	（动）	在身体或物体的表面加些附属的东西，使美观
15. 象征	xiàngzhēng	（动）	用具体的事物表现某种特殊意义
16. 好事成双	hǎoshì chéngshuāng		好事同时来到
17. 谐音	xiéyīn	（动）	字词的音相同或相近
18. 桃花运	táohuāyùn	（动）	指男子在爱情方面的好运气
19. 民俗	mínsú	（名）	民间的风俗习惯
20. 入乡随俗	rùxiāng-suísú		到一个地方就遵从当地的风俗习惯

练习

一、课文部分

（一）用正确的语调朗读下列句子

1. 我早就听说广州的花市很有名，今天能来看一看，真是太好了！

2. 很多人都会来逛花市，买一些自己喜欢的花卉，预祝来年有一个好兆头。你们看，热闹吧！

3. 在我们日本，每年三、四月份是樱花节，人们都会去公园赏花，也很热闹！但是这个时候，日本还是冰天雪地的冬季。

4. 在我们俄罗斯，也是这样，非常寒冷。这时候的鲜花一定是进口的！

5. 广州的花市已有近千年的历史，人们赋予许多鲜花一定的寓意，也就是我们说的"意头"，目的是表达对生活的热爱和对未来美好的憧憬。

6. 这叫红掌。你看它的形状像不像一个手掌？颜色是大红色的。红色在中国是一个非常吉祥、富贵的颜色。它代表的是大展宏图。

7. 哦，这是风信子，它有很多品种，每种颜色又不一样。它象征胜利、喜悦。

8. 嗯，还和数字有一定的关系。比如说，人们送花一般会送双数，表示好事成双，但不会送4枝花，因为4和"死"是谐音。另外，花卉的标价也很有讲究，你们看到了吗？价钱一般都是"3""8""9"，与"生""发""久"谐音，寓意生生猛猛、发大财、长长久久。

9. 体育中心的这个花市是广州市最大的。现在人们生活水平提高了，许多人都喜欢用鲜花来装点生活。你看，那家人抬着一盆金桔，是希望来年生活大吉大利；那个年轻人手里拿着两枝桃花，肯定是希望在新的一年里能交上桃花运。而且呀，在花市里，还会看到许多传统的民俗，比如粤剧表演、讲古、传统小吃等等。

10. 真是太漂亮了，希望这个世界上的每一个人都能拥有美好的明天！

（二）回答下列问题

1. 农历新年的时候，人们为什么要买花？

2. 张栋为什么带他们三人去花市？

3. 人们赋予鲜花一定寓意的目的是什么？

4. 红色在中国有什么含义？

5. 红掌的寓意是什么？

6. 什么人最喜欢买黄金果？为什么？

7. 风信子代表什么意思？

8. 鲜花的寓意除了和颜色有关，还和什么有关？请举例说明。

9. 广州市最大的花市是哪里的花市？金桔和桃花各有什么含义？

10. 在花市里，还能看到什么民俗活动？

二、词语部分

（一）写出下列词语的读音，然后填空

农历	预祝	兆头	赋予	憧憬	大展宏图
除了……还		好事成双		入乡随俗	

1. 他从小就（　　　　）着将来当一名飞行员。

2. 小王（　　　　）学习好，（　　　　）特别懂礼貌。

3. 老李早上一出门，就看到一只乌鸦，这个（　　　　）实在不好。

4. 中国人给朋友敬酒，喜欢连敬两杯，预示着（　　　　）。

5. 在新的一年里，每个人都希望自己能（　　　　）。

6. （　　　　）正月十五这一天，家家户户张灯结彩，庆祝元宵节。

7. 比赛前，他的爸爸妈妈拥抱他，（　　　　）他取得好成绩。

8. 到了外国，最好（　　　　），这样才能更好地开始新生活。

9. 春天（　　　　）了万物新的生命。

（二）用下列词语造句

寓意	目的	吉祥	谐音	象征	民俗

三、讨论题

1. 你还知道中国哪些民俗？

2. 中国人生病住院了，他的朋友会买什么东西去看望他？你们国家的习俗又是什么？

留学
广州

热身练习

1. 你去过广交会吗？

2. 你听说过"一带一路"倡议吗？

第 十四 课

广交会——广州的城市名片

（阿龙他们三个人这一段时间都特别忙，张栋联系了他们好几次，他们都说没时间。今天，他们总算坐在了一起。）

张　栋：你们这段时间都在干什么呢？真的那么忙吗？

阿　龙：张栋，对不起！我们这一段时间的确都很忙。我们去广交会做翻译了。

张　栋：是吗？真不简单，你们一定有许多见闻吧！

田　中：在日本的时候，我就听说中国的经济发展非常迅猛，这次在广交会做了十多天的翻译，体会就更加深刻了。

阿　龙：我没有想到广交会的影响会这么大，参展的客商来自世界各地。欧洲一些国家的电视台也来报道了这次盛会。

伊莲娜：我也很吃惊，广州离我们俄罗斯很远，可在广交会，我还是看到那么多我们国家的商人。我非常想帮助他们，可我实在是忙不过来！

张　栋：我去年也在里面做过志愿者。真的是很辛苦！可一想到自己能为那么多国家的客商服务，心里也很高兴！

阿　龙：你们知道吗，我听说广交会已经办了一百多届了，里面展览的商品，从机械设备、建筑材料到日常用品、玩具，从服装到各种土特产品，应有尽有，简直就是世界商品大汇展！

田　中：那个琶洲展馆真漂亮，像一条鲤鱼从珠江里跳出来。设计真是美轮美奂！

伊莲娜：张栋，看了中国公司的商品，我亲身感受到你们国家这些年的经济发展是多么迅速。许多电子产品非常先进，而且价格也不贵！

张　栋：是啊，广交会从 1957 年开始办起，到现在已经半个多世纪了，许多外国人就是通过广交会认识广州，了解中国的，我感觉广交会就像是我们广州的一张城市名片。

伊莲娜：广交会每年都会举办两次。四月份这一次已经过去了，到了十月份，我还要去做翻译，帮助更多的商人，希望他们能够买到自己喜欢的商品。

阿龙、田中：我们也会去的！

张　栋：你们的热情真高！除了广交会，你们知道"一带一路"倡议吗？

阿　龙：什么是"一带一路"倡议？

张　栋：在两千多年前，就已经有中国人从陆地一直向西，走到欧洲做生意了。阿龙，你知道他们的终点在哪里吗？最后一站就是罗马。在海上，也有中国人从广州等沿海城市出发，从南洋到阿拉伯海，甚至到达非洲东海岸。因为丝绸是当时最主要的商品，所以就把这两条路都称为"丝绸之路"。

田　中：哦，在中国唐朝的时候，我们日本派出"遣唐使"。来中国学习，应该也是受到当时中国"海上丝绸之路"的影响。

张　栋：是的。到了2013年，中国政府又提出了重建这两条"丝绸之路"的想法，希望加强各国之间的交流与合作。我们一般简称为"一带一路"倡议。

阿　龙：啊，我想起来了。几百年前，我们意大利有一个旅行家，名叫马可·波罗。他到过中国，还写了一本书，在欧洲引起巨大的轰动。

张　栋：是的，他在中国居住了17年，那本书叫《东方见闻录》。他为中国和欧洲建立起一条纽带，他是两国友好交往的使者。从那时候开始，中国和欧洲的交往才逐渐频繁起来。

伊莲娜：听你们这样讲，我很佩服古代人身上的冒险精神。他们真了不起！

张　栋：现在，中国的"一带一路"倡议已经为很多国家带来了翻天覆地的变化。很多国家之间的交往也比过去紧密多了。

田　中：希望各个国家之间能够世代友好相处！

伊莲娜：阿龙，你就是现代的"马可·波罗"！

张　栋：你们都是现代的"马可·波罗"，都是友好的使者！

生词

1. 总算	zǒngsuàn	（副）	表示经过相当长的时间以后某种愿望终于实现
2. 见闻	jiànwén	（名）	见到和听到的事
3. 迅猛	xùnměng	（形）	迅速而猛烈
4. 报道	bàodào	（动）	通过报纸、杂志、广播、电视或其他形式把新闻告诉群众
5. 实在	shízài	（副）	的确
6. 简直	jiǎnzhí	（副）	表示完全如此（语气带夸张）
7. 鲤鱼	lǐyú	（名）	一种鱼的名字
8. 美轮美奂	měilún-měihuàn		形容新屋高大美观，或装饰、布置等美好漂亮
9. 名片	míngpiàn	（名）	交际时所用的向人介绍自己的卡片，上面印着自己的姓名、职务、联系方式等
10. 丝绸	sīchóu	（名）	用蚕丝或人造丝织成的纺织品的总称
11. 唐朝	tángcháo	（名）	中国古代的一个时期
12. 遣唐使	qiǎntángshǐ	（名）	唐朝时，日本派到中国来学习的使者
13. 轰动	hōngdòng	（名）	指一时享有很高的声誉，同时惊动很多人
14. 《东方见闻录》	《dōngfāng jiànwénlù》		生活于 13 世纪末 14 世纪初的意大利人马可·波罗写的一本书
15. 纽带	niǔdài	（名）	比喻能够起到联系作用的人或事物
16. 频繁	pínfán	（形）	（次数）多
17. 佩服	pèifu	（动）	感到可敬而心服

18. 冒险	màoxiǎn	（动）	不顾危险地进行某种活动
19. 翻天覆地	fāntiān-fùdì		形容变化巨大而彻底
20. 世代	shìdài	（名）	（很多）年代，好几辈子

专有名词

人名

| 马可·波罗 | Mǎkě Bōluó |

地名

1. 琶洲　　　　　Pázhōu
2. 南洋　　　　　Nányáng
3. 阿拉伯海　　　Ālābó Hǎi
4. 非洲　　　　　Fēizhōu

其他

| 1. 广交会 | guǎngjiāohuì | 中国进出口商品交易会的简称 |
| 2. 一带一路 | yí dài yí lù | "丝绸之路经济带"和"21 世纪海上丝绸之路"的简称 |

练习

一、课文部分

（一）用正确的语调朗读下列句子

1. 在日本的时候，我就听说中国的经济发展非常迅猛，这次在广交会做了十多天的翻译，体会就更加深刻了。

2. 我没有想到广交会的影响会这么大，参展的客商来自世界各地。欧洲一些国家的电视台也来报道了这次盛会。

3. 我也很吃惊，广州离我们俄罗斯很远，可在广交会，我还是看到那么多我们国家的商人。我非常想帮助他们，可我实在是忙不过来！

4. 你们知道吗，我听说广交会已经办了一百多届了，里面展览的商品，从机械设备、建筑材料到日常用品、玩具，从服装到各种土特产品，应有尽有，简直就是世界商品大汇展！

5. 那个琶洲展馆真漂亮，像一条鲤鱼从珠江里跳出来。设计真是美轮美奂！

6. 张栋，看了中国公司的商品，我亲身感受到你们国家这些年的经济发展是多么迅速。许多电子产品非常先进，而且价格也不贵！

7. 是啊，广交会从1957年开始办起，到现在已经半个多世纪了，许多外国人就是通过广交会认识广州，了解中国的，我感觉广交会就像是我们广州的一张城市名片。

8. 啊，我想起来了。几百年前，我们意大利有一个旅行家，名叫马可·波罗。他到过中国，还写了一本书，在欧洲引起巨大的轰动。

9. 是的，他在中国居住了17年，那本书叫《东方见闻录》。他为中国和欧洲建立起一条纽带，他是两国友好交往的使者。从那时候开始，中国和欧洲的交往才逐渐频繁起来。

（二）回答下列问题

1. 张栋为什么很难约到阿龙他们？

2. 阿龙他们三人在广交会都有什么感想？

3. 广交会举办多少届了？里面都有什么商品？

4. 田中是怎么形容琶洲展馆的？

5. 广交会每年举办几次？分别在几月份？

6. "丝绸之路"已经有多少年了？中国人从陆地和海上分别到了哪里？

7. 2013年，中国政府提出了什么想法？

8. 几百年前，意大利人马可·波罗来到中国，他写了一本书，书名是什么？他在中国住了多少年？

二、词语部分

（一）写出下列词语的读音，然后填空

| 总算　　纽带　　佩服　　报道　　美轮美奂 |
| 翻天覆地　　应有尽有　　频繁 |

1. 据广州电视台（　　　　　），下周要降温了。

2. 商场里的商品种类很多，（　　　　　）。

3. 大家都很（　　　　）他，来中国只有一年时间，汉语就已经很溜了。

4. 这座大桥是联系城市南北的（　　　　　）。

5. 仅仅半年时间，那片空地上就建起了一座（　　　　　）的大厦。

6. 经过几个月的艰苦学习，大家（　　　　）可以回家了。

7. 他请假太（　　　　）了，也不知道是什么原因。

8. 几个月没有来，这座城市就发生了（　　　　　）的变化。

（二）用下列词语造句

| 实在　　名片　　简称　　迅猛　　冒险　　简直 |

三、讨论题

1. 举办广交会的时候，广州的酒店会有什么变化？

2. 你们国家在"一带一路"沿线吗？你们国家老百姓的生活里有什么中国元素？

热身练习

1. 你去过广州的批发市场吗？

2. 你觉得中国的微信支付方便吗？

第 十五 课

热闹的火车站
——各种各样的批发市场

（再次见到阿龙、田中、伊莲娜的时候，张栋发现他们三人都穿着牛仔裤。）

张　　栋：为什么你们今天都穿着牛仔裤？

田　　中：上个星期我们去火车站旁边的批发市场了，我们采购了很多东西。这就是我们的"战利品"。

伊莲娜：这都得感谢阿龙，是他带我们去的，而且，他还是个砍价高手。

阿　　龙：我也是听我的朋友说的。那里的市场真大，全中国的商人都跑到那里批发商品，还有很多其他国家的人。

张　　栋：恭喜你们，你们现在可以无师自通了。那你们都买了什么东西？

田　　中：我们几个都买了衣服、鞋子。阿龙还买了两块手表，伊莲娜买的衣服是最多的，她还买了许多化妆品。

阿　　龙：手表一块我自己戴，另一块给我弟弟做礼物。

张　　栋：看来你们是满载而归啊！

伊莲娜：我一边买东西，一边了解了许多商品的质量和批发价格，我的朋友下次从俄罗斯来，我就能给他们提供一些参考意见。

张　　栋：你的朋友是做什么生意的？

伊莲娜：他们的生意涉及的范围非常广，有服装、化妆品，还有日常生活用品。上个星期时间不够，我们买这些东西，就花了差不多一天时间，许多市场还没去，就已经筋疲力尽了。

张　　栋：一天的时间肯定是不够的。那里的批发市场是中国最多的，大大小小有100多个，涉及服装、皮革、鞋类、美容产品、汽车配件、茶叶、酒店用品、文具等许多行业，你们有空真应该多去那里走走。

阿　　龙：去那里也很方便，地铁、公交车到那里都是终点站。

伊莲娜：你知道吗，张栋？我们这次买东西都没有用现金，阿龙用的是支付宝，我和田中都是用微信付款。那里的中国商人都冲我们翘大拇指。

张　　栋：是啊，你们现在都是中国通了，使用这种支付方式应该早就得心应手了！

阿　　龙：唉，我上个寒假回到意大利，买东西的时候，顺手就把手机掏出来准备付钱，才发现根本没法用。我手里现金也不够，最后东西也没买成。感觉特别不方便！

伊莲娜：我也是。我回到俄罗斯，给我的朋友说到中国的微信付款，他们都目瞪口呆，以为我在说胡话。

田　　中：是啊，我回到日本，也需要重新适应。

张　　栋：中国的这种移动支付方式早就很有名了。很多外国人一到中国，首先下载微信和支付宝。我相信这种支付方式会越来越普及的，只是时间问题罢了。

田　中：等我回国的时候，我还想去买一些茶叶，送给我的亲
　　　　友们。

伊莲娜、阿龙：我们也是。

生词

1. 批发	pīfā	（动）	成批地出售（商品）
2. 采购	cǎigòu	（动）	选择购买
3. 战利品	zhànlìpǐn	（名）	作战时从敌方缴获的武器、装备等
4. 砍价	kǎnjià	（动）	买卖东西时买方要求卖方削减售价
5. 高手	gāoshǒu	（名）	技能特别高明的人
6. 无师自通	wúshī-zìtōng		没有老师传授指导，靠自己学习钻研而通晓（某种知识技能）
7. 化妆品	huàzhuāngpǐn	（名）	具有清洁、护肤、美容和修饰作用的日化用品
8. 满载而归	mǎnzài'érguī		装满了东西回来，形容收获极丰富
9. 参考	cānkǎo	（动）	在处理事物时利用、借鉴有关材料；参看；为了学习或研究而查阅有关资料
10. 涉及	shèjí	（动）	关系到，牵涉到
11. 翘大拇指	qiào dàmuzhǐ		表示赞扬
12. 中国通	zhōngguótōng	（名）	对中国非常了解的外国人
13. 得心应手	déxīn-yìngshǒu		心里怎么想，手就能怎么做，形容运用自如
14. 顺手	shùnshǒu	（副）	顺便；捎带着
15. 目瞪口呆	mùdèng-kǒudāi		形容受惊而愣住的样子

16.	说胡话	shuō húhuà		讲没有人信的话
17.	下载	xiàzài	（动）	从网上获取信息并装到某台计算机或其他电子装置上
18.	普及	pǔjí	（动）	普遍推广；使大众化
19.	罢了	bàle	（助）	仅此而已

练习

一、课文部分

（一）用正确的语调朗读下列句子

1. 上个星期我们去火车站旁边的批发市场了，我们采购了很多东西。这就是我们的"战利品"。

2. 这都得感谢阿龙，是他带我们去的，而且，他还是个砍价高手。

3. 我也是听我的朋友说的。那里的市场真大，全中国的商人都跑到那里批发商品，还有很多其他国家的人。

4. 我们几个都买了衣服、鞋子。阿龙还买了两块手表，伊莲娜买的衣服是最多的，她还买了许多化妆品。

5. 我一边买东西，一边了解了许多商品的质量和批发价格，我的朋友下次从俄罗斯来，我就能给他们提供一些参考意见。

6. 他们的生意涉及的范围非常广，有服装、化妆品，还有日常生活用品。上个星期时间不够，我们买这些东西，就花了差不多一天时间，许多市场还没去，就已经筋疲力尽了。

7. 一天的时间肯定是不够的。那里的批发市场是中国最多的，大大小小有100多个，涉及服装、皮革、鞋类、美容产品、汽车配件、茶叶、酒店用品、文具等许多行业，你们有空真应该多去那里走走。

8. 你知道吗，张栋？我们这次买东西都没有用现金，阿龙用的是支付宝，我和田中都是用微信付款。那里的中国商人都冲我们翘大拇指。

9. 唉，我上个寒假回到意大利，买东西的时候，顺手就把手机掏出来准备付钱，才发现根本没法用。我手里现金也不够，最后东西也没买成。感觉特别不方便！

10. 中国的这种移动支付方式早就很有名了。很多外国人一到中国，首先下载微信和支付宝。我相信这种支付方式会越来越普及的，只是时间问题罢了。

（二）回答下列问题

1. 他们三人穿的牛仔裤是在哪里买的？

2. 他们分别都买了什么东西？

3. 伊莲娜除了买东西，还了解了什么信息？

4. 伊莲娜的朋友都是做什么生意的？

5. 张栋认为走遍那里的批发市场一天时间肯定不够，为什么？

6. 他们买东西是用现金支付的吗？

7. 阿龙说他回到意大利，买东西出现了什么问题？

8. 伊莲娜的朋友听说了移动支付，他们的反应是什么？

9. 很多外国人来到中国，首先要做什么事情？

10. 田中和伊莲娜回国前还想买什么东西？

二、词语部分

（一）写出下列词语的读音，然后填空

支付	砍价	无师自通	满载而归	罢了
涉及	得心应手	目瞪口呆	说胡话	

1. 你别介意，他只是开个玩笑（   ）。

2. 秋天，庄稼丰收了，农民们都（   ）。

3. 事情发生得太突然，大家一时间（   ），都不知道该怎么办。

4. 他从没有上过学，现在却能读书写字。这是因为他擅于细心观察，
（   ）学会的。

5. 在超市里买东西，是不能（   ）的。

6. 这家公司的生意（   ）的范围非常广。

7. 王老师教学经验很丰富，讲起课来（   ）。

8. 他喝醉了酒，不停地（   ）。

9. 他们购买了一批商品，需要提前（   ）费用。

（二）用下列词语造句

采购	批发	参考	翘大拇指	中国通
筋疲力尽	普及	下载		

三、讨论题

1. 在批发市场买东西会有什么好处？

2. 手机支付有什么不足吗？

留学广州

热身练习

1. 你通常都是怎么去机场的？

2. 你知道，广州为什么被称为"羊城"吗？

第 十六 课

五羊的传说

（阿龙的朋友要从遥远的意大利来广州，阿龙很激动。他想去机场接他们，然后带他们好好游览一下广州。于是他向张栋请教。）

阿　龙：张栋，我的朋友从意大利来看我，我想要去机场接他们。我应该怎么去？

张　栋：你可以乘坐地铁去机场。广州地铁一般早上 6 点 10 分就开始营运，一直到晚上 11 点半，节假日还会延长营运时间。从你住的附近的体育西路地铁站到机场不到 10 元就够了。当然，在广州的各个地区，还有机场大巴，票价一般都是 20 元左右。

阿　龙：他们到得比较晚，如果没有地铁了，怎么办？

张　栋：那你只能坐出租车了。在广州晚上打的还是比较方便的，机场随时都有出租车，当然打的费用会高一些。不过你放心，出租车一般都是明码标价。如果你发现司机欺骗你，你可以投诉他，投诉电话是 96900。

阿　龙：有没有预约服务？

张　栋：当然有了！你可以预约"滴滴"。他们会按时到你指定的地方接你。

阿　龙：那你能不能给我推荐一些好玩的地方？

张　栋：好啊，现在广州建设得很漂亮，的确有许多地方值得
　　　　看一看。不知道他们在这里要待多久？

阿　龙：半个月左右。

张　栋：那我给你推荐几个地方，相信他们一定会感兴趣的。

阿　龙：太好了，真的要好好感谢你，张栋！

张　栋：阿龙，别客气！我们是朋友，这是应该的！我最想推
　　　　荐给你的就是越秀公园。

阿　龙：我知道广州有很多公园，为什么一定要去越秀公园？

张　栋：阿龙，你知道广州为什么被称为"羊城"吗？

阿　龙：为什么，难道和越秀公园有关？

张　栋：是啊，越秀公园里有一座"五羊"雕像，它是广州市
　　　　的标志。广州也因此被称为"羊城"。

阿　龙：想不到羊会成为广州市的标志，这里有什么故事吗？

张　栋：你说对了。这里有一个古老的传说，说的是五位神仙
　　　　骑着五只羊降临到了广州……

阿　龙：还有呢？你快说呀！

张　栋：你要想了解详细的内容，就要自己去看一看。

阿　龙：想不到你也给我卖关子！

张　栋：我要是剧透了，就没有意思了。你要自己去了解。我
　　　　再给你介绍一个景点吧，那就是花城大道。

阿　龙：花城大道？是不是道路两边都是鲜花？

张　栋：你的解释很好！路两边的确有不少花，但是你知道广

州还有一个名称就是"花城"。花城大道就是广州的一条主要观光大道,是广州的中轴线。两边有很多雄伟的建筑,比如东塔、西塔、K11,还有……

(张栋还没说完,阿龙就打断了他的介绍。)

阿　龙:你说什么?K什么?

张　栋:(笑了起来)你不要着急!听我继续介绍。还有广州大剧院、广州图书馆、广东省博物馆,这些建筑都很新颖。当然,最有名的还是"小蛮腰"了。

阿　龙:(摇着头)你一下子说了这么多,我都记不住!

张　栋:(笑得更开心了)所以啊,你要自己去看。"眼见为实,耳听为虚!"亲眼看见了,你的印象就深刻多了!要想当好东道主,看来你需要做的功课还很多呢!

生词

1. 营运	yíngyùn	(动)	(车船等)营业和运行;运营
2. 明码标价	míngmǎbiāojià		标明价格
3. 欺骗	qīpiàn	(动)	用虚假的言语或行动来掩盖事实真相,使人上当
4. 投诉	tóusù	(动)	公民或单位认为其合法权益遭受侵犯,向有关部门请求依法处理
5. 滴滴	dīdī	(名)	一家网约车公司,可以网上叫出租车
6. 羊城	yángchéng	(名)	广州的别称
7. 雕像	diāoxiàng	(名)	雕刻的人像或者动物的形象
8. 标志	biāozhì	(名)	表明特征的记号或事物

9. 传说	chuánshuō	（名）	群众口头上流传的关于某人某事的叙述
			或某种说法
10. 详细	xiángxì	（形）	周密完备
11. 卖关子	mài guānzi		比喻说话、做事在紧要的时候，故弄玄
			虚，使对方着急而答应自己的要求
12. 剧透	jùtòu	（动）	提前说出答案或者结果
13. 观光	guānguāng	（动）	参观或者游览外地的景物、建设等
14. 中轴线	zhōngzhóuxiàn	（名）	城市中间的一条主要街道，在这条线
			上，往往都会有一些标志性的建筑
15. 雄伟	xióngwěi	（形）	雄壮而伟大
16. 博物馆	bówùguǎn	（名）	搜集、保管、研究、陈列、展览有关革
			命、历史、文化、艺术等方面的文物或
			标本的机构
17. 新颖	xīnyǐng	（形）	新而别致
18. 小蛮腰	xiǎományāo	（名）	指女孩子很小很细的腰；这里是广州塔
			的别称
19. 眼见为实，	yǎnjiànwéishí,		亲眼看见的比听说的要真实可靠
耳听为虚	ěrtīngwéixū		
20. 深刻	shēnkè	（形）	内心感受程度很深的
21. 东道主	dōngdàozhǔ	（名）	请客的主人

练习

一、课文部分

（一）用正确的语调朗读下列句子

1. 张栋，我的朋友从意大利来看我，我要去机场接他们。我应该怎么去？

123

2. 你可以乘坐地铁去机场。广州地铁一般早上 6 点 10 分就开始营运，一直到晚上 11 点半，节假日还会延长营运时间。从你住的附近的体育西路地铁站到机场不到 10 元就够了。

3. 那你只能坐出租车了。在广州晚上打的还是比较方便的，机场随时都有出租车，当然打的费用会高一些。

4. 不过你放心，出租车一般都是明码标价。如果你发现司机欺骗你，你可以投诉他，投诉电话是 96900。

5. 好啊，现在广州建设得很漂亮，的确有许多地方值得看一看。

6. 阿龙，别客气！我们是朋友，这是应该的！我最想推荐给你的就是越秀公园。

7. 是啊，越秀公园里有一座"五羊"雕像，它是广州市的标志。广州也因此被称为"羊城"。

8. 想不到你也给我卖关子！

9. 你的解释很好！路两边的确有不少花，但是你知道广州还有一个名称就是"花城"。花城大道就是广州的一条主要观光大道，是广州的中轴线。

10. 所以啊，你要自己去看。"眼见为实，耳听为虚！"亲眼看见了，你的印象就深刻多了！要想当好东道主，看来你需要做的功课还很多呢！

（二）回答下列问题

1. 去机场有几种方式？哪一种方式最便宜？

2. 如果发现出租车司机多收钱，你应该怎么做？

3. 阿龙的朋友要在广州待多久？

4. 张栋推荐的第一个地方是哪里？为什么要推荐这里？

5. 从课文里，我们知道广州还有几个别称？

6. "花城大道"有什么特点？

7. 阿龙要想当好"东道主"，张栋有什么好建议？

二、词语部分

（一）写出下列词语的读音，然后填空

欺骗	预约	明码标价	标志	传说
卖关子	剧透	新颖	东道主	

1. 关于月亮，各个国家都有很多美丽的（　　　　　）。

2. 如果想要去泰山游览，你最好（　　　　　），否则买不到门票。

3. 你别（　　　　）了，快点告诉我们答案吧！

4. 假如生活（　　　　　）了你，不要伤心，相信快乐的日子一定会到来。

5. 这里的商品都是（　　　　　）的，你可以放心购买。

6. 2022 年的北京冬奥会，所有中国人都是（　　　　　）。

7. 这座电视塔就是城市的（　　　　　）建筑。

8. 她的穿衣风格很（　　　　　），总是让人眼前一亮。

9. 有些人讨厌（　　　　　），而有些人希望提前知道真相。你呢？

（二）用下列词语造句

左右	投诉	值得	雄伟	详细	打断	深刻

三、讨论题

1. 你家乡的标志建筑是什么？

2. 介绍一个你们国家最有名的景点。

留学
广州

热身练习

1. 你们国家对年轻人有什么特别的称呼吗？

2. 你知道中国人一般是怎么称呼年轻人的吗？

第十七课

人人都是"靓仔""靓女"

（阿龙、田中、伊莲娜他们在逛街的时候，常常听到人们在叫"靓仔""靓女"。他们不明白，于是在聚会时讨论起这个问题。）

阿　龙：我们在逛街时，常常听到"靓仔""靓女"这样的称呼，用得真是很频繁。

伊莲娜：还有"帅哥""美女"，也是随处可以听到。

田　中：当一个人听到别人这样叫他，肯定很高兴！我想，这可能是一种赞扬，"靓"本来就是"好、漂亮"的意思。

张　栋：你们观察得很仔细。在我们这里，的确有这样的习惯。

阿　龙：可以称呼任何人吗？

张　栋：不行，因为"靓仔""靓女"一般是指年轻的男女，对于上了年纪的叔叔、阿姨，这种称呼就显得有些轻佻，不是很妥当了。

伊莲娜：可有时候我看有些人长得很普通，为什么也要这样称呼呢？

张　栋："靓仔""靓女"里的"靓"本身是带有"好、漂亮"

的含义，但更多的是一种表示友好尊重的意思。"帅哥""美女"也是这样。

田　中：就是说，这几个词主要有年龄方面的限制，它本身的意思反而被淡化了，是吗？

张　栋：是的。一般人们出去办事，只要是比较随意的场合，面对的又是年轻人，都可以这样称呼。再说，年轻人相比老年人，在年龄上就有一种优势，这说明在生活中有更多的机会，这本身也是很美好、很"靓"的一件事。对吧，伊莲娜？

伊莲娜：我明白了。这也是欣赏别人、向别人示好的意思。

田　中：张栋，我有一个问题。有时候听到两个人之间会互称"老板"，他们应该都是做生意的人吧？

张　栋：不一定！之所以这样称呼，是因为长期以来，广州的商业气息比较浓厚，人们在一些轻松的场合见到陌生人，就会称呼"老板"，以示尊重，被称呼的人也是见怪不怪。如果双方要继续交往下去，才会告诉对方自己真正的职业是什么。

田　中：想不到一个小小的称呼，也会有这么大的学问！

张　栋：你们都是认真勤奋的好学生。在生活中细心观察，就能学到课本上学不到的知识。同样的，课本上的知识也要善于在生活中实践，才能真正消化吸收，变成自己的东西。否则就只是纸上谈兵了！

生词

1. 靓	liàng	（形）	漂亮，好看
2. 随处	suíchù	（副）	到处；不拘什么地方
3. 观察	guānchá	（动）	仔细察看（事物或现象）
4. 叔叔	shūshu	（名）	称呼跟父亲辈分相同而年纪较小的男子
5. 阿姨	āyí	（名）	称呼跟母亲辈分相同、年纪差不多的无亲属关系的妇女
6. 轻佻	qīngtiāo	（形）	（言语、举动等）不庄重，不严肃
7. 妥当	tuǒdang	（形）	稳妥适当
8. 尊重	zūnzhòng	（动）	尊敬，敬重
9. 限制	xiànzhì	（动）	规定范围，不许超过
10. 淡化	dànhuà	（动）	（问题、情感等）逐渐冷淡下来，变得不被重视或无关紧要
11. 优势	yōushì	（名）	能超过对方的有利形势
12. 示好	shìhǎo	（动）	（用言行）表示友好
13. 互称	hùchēng	（动）	互相称呼
14. 老板	lǎobǎn	（名）	私营工商业的财产所有者；掌柜的
15. 商业	shāngyè	（名）	以买卖方式使商品流通的经济活动
16. 气息	qìxī	（名）	气味，这里指环境
17. 浓厚	nónghòu	（形）	（色彩、意识、气氛）重
18. 陌生人	mòshēngrén	（名）	不认识的人
19. 见怪不怪	jiànguàibúguài		看见奇怪的事情也不觉得奇怪
20. 职业	zhíyè	（名）	个人在社会中所从事的作为主要生活来源的工作
21. 善于	shànyú	（动）	在某方面具有特长

22. 实践　　　shíjiàn　　　（动）　实行（自己的主张）；履行（自己的诺言）；人们有意识地从事改造自然和改造社会的活动

23. 消化　　　xiāohuà　　　（动）　比喻理解、吸收所学的知识

24. 纸上谈兵　zhǐshàng-tánbīng　　比喻不联系实际情况，空发议论

练习

一、课文部分

（一）用正确的语调朗读下列句子

1. 我们在逛街时，常常听到"靓仔""靓女"这样的称呼，用得真是很频繁。

2. 当一个人听到别人这样叫他，肯定很高兴！我想，这可能是一种赞扬，"靓"本来就是"好、漂亮"的意思。

3. 不行，因为"靓仔""靓女"一般是指年轻的男女，对于上了年纪的叔叔、阿姨，这种称呼就显得有些轻佻，不是很妥当了。

4. 可有时候我看有些人长得很普通，为什么也要这样称呼呢？

5. "靓仔""靓女"里的"靓"本身是带有"好、漂亮"的含义，但更多的是一种表示友好尊重的意思。"帅哥""美女"也是这样。

6. 一般人们出去办事，只要是比较随意的场合，面对的又是年轻人，都可以这样称呼。再说，年轻人相比老年人，在年龄上就有一种优势，这说明在生活中有更多的机会，这本身也是很美好、很"靓"的一件事。对吧，伊莲娜？

7. 张栋，我有一个问题。有时候听到两个人之间会互称"老板"，他们应该都是做生意的人吧？

8. 不一定！之所以这样称呼，是因为长期以来，广州的商业气息比较浓

厚，人们在一些轻松的场合见到陌生人，就会称呼"老板"，以示尊重，被称呼的人也是见怪不怪。如果双方要继续交往下去，才会告诉对方自己真正的职业是什么。

9. 你们都是认真勤奋的好学生。在生活中细心观察，就能学到课本上学不到的知识。同样的，课本上的知识也要善于在生活中实践，才能真正消化吸收，变成自己的东西。否则就只是纸上谈兵了！

（二）回答下列问题

1. 在广州，人们一般怎么称呼陌生的年轻人？

2. 可以用"靓仔、靓女"或者"帅哥、美女"称呼中年人或老年人吗？为什么？

3. 这几个词在哪方面有限制？它们本身的意思是什么？

4. 两个人见面，互称"老板"，他们一定就是做生意的人吗？

5. 为什么他们要互称"老板"？

6. 如果想要知道对方的真正职业，需要怎么做？

7. 按照张栋的说法，怎样才能真正掌握课本上的知识？

8. 怎样才能学到课本以外的知识？

二、词语部分

（一）写出下列词语的读音，然后填空

靓　　　轻佻　　　妥当　　　限制　　　优势
见怪不怪　　　纸上谈兵　　　示好

1. 在那里住久了，对那里很多特别的风俗习惯，他也就（　　　　　）了。

2. 你已经是大人了，自己的事情应该料理（　　　　　）。

3. 元旦前夜，珠江两岸放起了五颜六色的烟花，好（　　　　　）啊！

4. 他的语言有些（　　　　　），让人不舒服。

5. 这个小孩子怕他的朋友们不理他，就把自己的玩具全部拿出来，向他们（　　　　　）。

6. 他从小就想当一名篮球运动员，无奈身高（　　　　　）了他的发展。

7. 男性和女性，在工作和生活中各有（　　　　　）。

8. 有些专家只会夸夸其谈、（　　　　　）。

（二）用下列词语造句

随处　　观察　　尊重　　实践　　之所以……是因为　　浓厚

三、讨论题

1. 你理解中国人这种主动向别人示好的方式吗？为什么？

2. 你认为怎样才能更好地了解中国人的风俗习惯？

热身练习

1. 你们回国准备给家人带什么礼物？
2. 你有什么特别好的推荐吗？

第十八课

带什么"手信"回家?

(漫长的暑假即将到来,田中、阿龙、伊莲娜都要回国,但给亲友们带什么礼物却成了他们的难题。于是,他们请来了张栋,想征求一下意见。)

伊莲娜: 张栋,我们几个都已经买了一些礼物,有穿的、玩的、用的,但我们觉得还是不够。

张　栋: 已经这么多了,你们觉得还缺什么?

阿　龙: 张栋,我们在广州这么长时间,品尝了广州的许多美食,我们也想带回去一些,让朋友们尝一尝。你说,带什么回去好呢?

张　栋: 这个嘛,是一个难题!因为中国的美食讲究色、香、味俱全,很多东西当场品尝是最好的。可惜你们的家人、朋友现在都不能来!但有一种食品,来广州的人经常会买回去做"手信"。

田　中: 我看电视的时候,也听到广告里说到"手信"这个词,为什么人们把礼物称为"手信"?

张　栋: 你的问题很好。许多中国北方人来到广州,他们也不明白这是为什么。"手信"通常是指小礼物,不是很大件的或很贵重的礼物，而是信手带回的，比较方便、轻巧的东西。所谓"礼轻情意重"嘛！

伊莲娜：我明白了。这样大家既能表达自己的心意，又没有太多负担，真是一举两得。那你刚才说的那种食品是什么？

张　栋：就是我们这里的点心，特别是"广州酒家"的点心最有名。

阿　龙：我记得刚来广州时，你曾经带我们去"广州酒家"喝过早茶。你说的就是那里的点心吗？

张　栋：是啊，"广州酒家"做的点心，用料考究、做工精美、讲求质量，一直是人们馈赠亲友的首选。

伊莲娜：啊，我怎么都忘记了？我当时还拍了许多照片，在网上给我妈妈看，我妈妈说很漂亮。

田　中：可我担心这些点心携带不方便。

张　栋：你放心吧，这些点心包装很讲究，便于携带。当然最好还是把它放在行李上层，尽量不要挤压。

阿　龙：如果能让我的朋友们品尝到这里的美食，再加上其他的礼物，那就堪称完美了。

张　栋：可供你们带的礼物有很多。你们知道吗？现在广州已评出了"十大手信"，分别是广式腊味、广式饼食、广州工艺品、广州土特产品、广式月饼、广式调味品、广式汤料、岭南药品、广州凉茶、广式糖果。

伊莲娜：这样就方便多了！我们三个人应该找个时间好好去看一看。

阿　龙：那我们还等什么？心动不如行动，我们现在就出发吧！

田　中：广州真是一座充满魅力的城市，在这里学习一年，让我们全方位感受到了她的美。以后无论走到哪里，我们都不会忘记广州，她就是我们的第二故乡！

张　栋：欢迎你们常回家看看。当然了，别忘了还有你们念念不忘的茶叶啊！

生词

1. 手信	shǒuxìn	（名）	出远门回来时捎给亲友的小礼物，也泛指上门拜访时所带的礼品
2. 漫长	màncháng	（形）	长得看不见尽头的（时间、道路等）
3. 即将	jíjiāng	（副）	将要；就要
4. 征求	zhēngqiú	（动）	用书面或口头询问的方式访求
5. 俱全	jùquán	（形）	齐全；完备
6. 贵重	guìzhòng	（形）	价值高；值得重视
7. 信手	xìnshǒu	（副）	随手
8. 所谓	suǒwèi	（形）	所说的
9. 礼轻情意重	lǐqīng qíngyì zhòng		礼物很轻，但是情意很重
10. 一举两得	yījǔ-liǎngdé		做一件事，得到两种收获
11. 考究	kǎojiu	（形）	精美
12. 馈赠	kuìzèng	（动）	赠送（礼品）
13. 首选	shǒuxuǎn	（动）	首先选中；优先选择
14. 携带	xiédài	（动）	随身带着
15. 行李	xíngli	（名）	出门带的包裹、箱子等
16. 挤压	jǐyā	（动）	挤和压
17. 腊味	làwèi	（名）	腊鱼、腊肉、腊肠、腊鸡等食品的统称

18. 工艺品	gōngyìpǐn	（名）	工艺产品，一般指手工艺品
19. 调味品	tiáowèipǐn	（名）	加在食物中，让味道更好的物品，如花椒、酱油等
20. 岭南	Lǐngnán	（名）	指广东、广西一带
21. 魅力	mèilì	（名）	很能吸引人的力量
22. 全方位	quánfāngwèi	（名）	指所有方面
23. 念念不忘	niànniàn-búwàng		牢记在心，时刻不忘

练习

一、课文部分

（一）用正确的语调朗读下列句子

1. 张栋，我们几个都已经买了一些礼物，有穿的、玩的、用的，但我们觉得还是不够。

2. 张栋，我们在广州这么长时间，品尝了广州的许多美食，我们也想带回去一些，让朋友们尝一尝。你说，带什么回去好呢？

3. 这个嘛，是一个难题！因为中国的美食讲究色、香、味俱全，很多东西当场品尝是最好的。可惜你们的家人、朋友现在都不能来！但有一种食品，来广州的人经常会买回去做"手信"。

4. 你的问题很好。许多中国北方人来到广州，他们也不明白这是为什么。"手信"通常是指小礼物，不是很大件的或很贵重的礼物，而是信手带回的，比较方便、轻巧的东西。所谓"礼轻情意重"嘛！

5. 我记得刚来广州时，你曾经带我们去"广州酒家"喝过早茶。你说的就是那里的点心吗？

6. 是啊，"广州酒家"做的点心，用料考究、做工精美、讲求质量，一直

139

是人们馈赠亲友的首选。

7. 你放心吧，这些点心包装很讲究，便于携带。当然最好还是把它放在行李上层，尽量不要挤压。

8. 如果能让我的朋友们品尝到这里的美食，再加上其他的礼物，那就堪称完美了。

（二）回答下列问题

1. 他们三人回国前，遇到了什么难题？
2. 他们已经买了什么礼物？
3. 他们还想买什么？
4. 什么叫手信？
5. 张栋给他们推荐了什么？为什么？
6. "广州酒家"的点心携带方便吗？
7. 广州"十大手信"分别指什么？
8. 张栋最后提醒他们别忘了带什么？

二、词语部分

（一）写出下列词语的读音，然后填空

| 漫长 | 考究 | 礼轻情意重 | 信手 | 馈赠 |
| 首选 | 堪称 | 念念不忘 | | |

1. 茶叶是（　　　　）亲友的最佳礼物。
2. 这部电影（　　　　）今年最佳影片，没有之一。
3. 这个小孩子把自己最喜欢的一张图片送给了他，（　　　　），这张图片代表孩子的一颗纯洁的心！
4. 虽然已经回到了家乡，但是那里的美景还是让他（　　　　）。

140

5. 这个人穿着（　　　　　），一出现，就引起了大家的注意。

6. 他出门的时候，（　　　　　）把垃圾也带出去了。

7. 在广州，地铁一般是大家（　　　　　）的交通工具。

8. 中国北方的冬季特别（　　　　　），一般要三个月左右。

（二）用下列词语造句

> 即将　　征求　　手信　　挤压　　精美　　轻巧　　曾经

三、讨论题

1. 你觉得张栋的推荐好不好?

2. 你们国家有什么好的"手信"? 给大家介绍一下。

词语总表

A

熬制	áozhì	(动)	第 4 课
鏖战	áozhàn	(动)	第 7 课
安慰	ānwèi	(动)	第 12 课
阿姨	āyí	(名)	第 17 课

B

补充	bǔchōng	(动)	第 2 课
病情	bìngqíng	(名)	第 4 课
不虚此行	bùxū-cǐxíng		第 5 课
半斤八两	bànjīn-bāliǎng		第 6 课
标识	biāoshí	(名)	第 6 课
别提	biétí	(动)	第 8 课
步行街	bùxíngjiē	(名)	第 10 课
编钟	biānzhōng	(名)	第 10 课
不知不觉	bùzhī-bùjué		第 10 课
毕恭毕敬	bìgōng-bìjìng		第 10 课
比喻	bǐyù	(名)	第 11 课
闭幕式	bìmùshì	(名)	第 11 课
逼真	bīzhēn	(形)	第 12 课
报道	bàodào	(动)	第 14 课
罢了	bàle	(助)	第 15 课
标志	biāozhì	(名)	第 16 课

| 博物馆 | bówùguǎn | （名） | 第 16 课 |

C

菜肴	càiyáo	（名）	第 1 课
除了	chúle	（介）	第 1 课
盛	chéng	（动）	第 2 课
材料	cáiliào	（名）	第 2 课
初次	chūcì	（副）	第 3 课
创立	chuànglì	（动）	第 4 课
尝试	chángshì	（动）	第 5 课
迟疑	chíyí	（形）	第 5 课
出行	chūxíng	（动）	第 6 课
诧异	chàyì	（形）	第 7 课
畅通无阻	chàngtōng-wúzǔ		第 7 课
愁眉不展	chóuméibùzhǎn		第 8 课
参谋	cānmóu	（名）	第 8 课
成熟	chéngshú	（形）	第 8 课
餐具	cānjù	（名）	第 8 课
成绩	chéngjì	（名）	第 9 课
充裕	chōngyù	（形）	第 9 课
沉甸甸	chéndiàndiàn	（形）	第 10 课
凑近	còujìn	（动）	第 10 课
沉浸	chénjìn	（动）	第 10 课
痴迷	chīmí	（动）	第 10 课
参天	cāntiān	（动）	第 11 课
创意	chuàngyì	（名）	第 11 课
矗立	chùlì	（动）	第 11 课

刺激	cìjī	（动）	第 12 课
成就	chéngjiù	（名）	第 12 课
超级大摆钟	chāojí dà bǎizhōng		第 12 课
憧憬	chōngjǐng	（动）	第 13 课
采购	cǎigòu	（动）	第 15 课
参考	cānkǎo	（动）	第 15 课
传说	chuánshuō	（名）	第 16 课

D

端来	duānlái	（动）	第 1 课
等等	děngděng	（助）	第 1 课
当然	dāngrán	（形）	第 2 课
大排档	dàpáidàng	（名）	第 3 课
丢三落四	diūsān-làsì		第 5 课
打的	dǎdī	（动）	第 6 课
的确	díquè	（副）	第 6 课
打趣	dǎqù	（动）	第 10 课
地道	dìdao	（形）	第 12 课
大展宏图	dàzhǎn hóngtú		第 13 课
《东方见闻录》	《dōngfāng jiànwénlù》		第 14 课
得心应手	déxīn-yìngshǒu		第 15 课
滴滴	dīdī	（名）	第 16 课
雕像	diāoxiàng	（名）	第 16 课
东道主	dōngdàozhǔ	（名）	第 16 课
淡化	dànhuà	（动）	第 17 课

E

| 二维码 | èrwéimǎ | （名） | 第 6 课 |

F

发达	fādá	（形）	第 5 课
繁忙	fánmáng	（形）	第 6 课
发愁	fāchóu	（动）	第 8 课
复杂	fùzá	（形）	第 9 课
繁华	fánhuá	（形）	第 10 课
否则	fǒuzé	（连）	第 11 课
方式	fāngshì	（名）	第 11 课
肺	fèi	（名）	第 11 课
赋予	fùyǔ	（动）	第 13 课
翻天覆地	fāntiān-fùdì		第 14 课

G

各式	gèshì	（代）	第 1 课
感染	gǎnrǎn	（动）	第 2 课
滚汤	gǔntāng	（名）	第 2 课
干	gān	（形）	第 2 课
干裂	gānliè	（动）	第 2 课
感受	gǎnshòu	（动）	第 3 课
感冒	gǎnmào	（名）	第 4 课
改革	gǎigé	（动）	第 4 课
观赏	guānshǎng	（动）	第 5 课
搞定	gǎodìng	（动）	第 5 课
共享单车	gòngxiǎng dānchē	（名）	第 6 课
逛街	guàngjiē	（动）	第 6 课

关切	guānqiè	（动）	第 7 课
干扰	gānrǎo	（动）	第 9 课
鼓掌	gǔzhǎng	（动）	第 10 课
过山车	guòshānchē	（名）	第 12 课
逛	guàng	（动）	第 13 课
高手	gāoshǒu	（名）	第 15 课
观光	guānguāng	（动）	第 16 课
观察	guānchá	（动）	第 17 课
贵重	guìzhòng	（形）	第 18 课
工艺品	gōngyìpǐn	（名）	第 18 课

H

哈欠	hāqian	（名）	第 1 课
哈	hā	（叹）	第 1 课
花椒	huājiāo	（名）	第 2 课
好奇	hàoqí	（形）	第 3 课
喉咙	hóulong	（名）	第 4 课
缓解	huǎnjiě	（动）	第 4 课
缓	huǎn	（动）	第 7 课
或许	huòxǔ	（副）	第 8 课
宏伟	hóngwěi	（形）	第 11 课
花卉	huāhuì	（名）	第 13 课
好事成双	hǎoshì chéngshuāng		第 13 课
轰动	hōngdòng	（名）	第 14 课
化妆品	huàzhuāngpǐn	（名）	第 15 课
互称	hùchēng	（动）	第 17 课

J

酒家	jiǔjiā	（名）	第 1 课
郊区	jiāoqū	（名）	第 2 课
基本上	jīběnshàng	（副）	第 2 课
精华	jīnghuá	（名）	第 2 课
简单	jiǎndān	（形）	第 2 课
讲究	jiǎngjiu	（动）	第 2 课
经营	jīngyíng	（动）	第 3 课
家传	jiāchuán	（动）	第 3 课
价廉物美	jiàlián-wùměi		第 3 课
建议	jiànyì	（名）	第 5 课
军师	jūnshī	（名）	第 5 课
决定	juédìng	（动）	第 6 课
加班	jiābān	（动）	第 7 课
简称	jiǎnchēng	（名）	第 7 课
交界	jiāojiè	（动）	第 8 课
筋疲力尽	jīnpí-lìjìn		第 9 课
竟然	jìngrán	（副）	第 9 课
嚼头	jiáotou	（名）	第 9 课
精美	jīngměi	（形）	第 10 课
剧场	jùchǎng	（名）	第 11 课
尽兴	jìnxìng	（动）	第 12 课
健将	jiànjiàng	（名）	第 12 课
吉祥	jíxiáng	（形）	第 13 课
见闻	jiànwén	（名）	第 14 课

简直	jiǎnzhí	（副）	第 14 课
剧透	jùtòu	（动）	第 16 课
见怪不怪	jiànguàibúguài		第 17 课
即将	jíjiāng	（副）	第 18 课
俱全	jùquán	（形）	第 18 课
挤压	jǐyā	（动）	第 18 课

K

开胃酒	kāiwèijiǔ	（名）	第 2 课
口腹之欲	kǒufùzhīyù		第 2 课
可口可乐	kékǒu-kělè	（名）	第 4 课
开玩笑	kāi wánxiào		第 4 课
跨越	kuàyuè	（动）	第 5 课
堪称	kānchēng	（动）	第 5 课
快捷	kuàijié	（形）	第 5 课
夸奖	kuājiǎng	（动）	第 5 课
考虑	kǎolù	（动）	第 5 课
考验	kǎoyàn	（动）	第 5 课
开辟	kāipì	（动）	第 7 课
客流量	kèliúliàng	（名）	第 7 课
快递	kuàidì	（名）	第 8 课
口碑	kǒubēi	（名）	第 8 课
开幕式	kāimùshì	（名）	第 11 课
可惜	kěxī	（形）	第 12 课
砍价	kǎnjià	（动）	第 15 课
考究	kǎojiu	（形）	第 18 课
馈赠	kuìzèng	（动）	第 18 课

L

老火靓汤	lǎohuǒliàngtāng		第 2 课
露天	lùtiān	（形）	第 3 课
凉茶	liángchá	（名）	第 4 课
良药苦口利于病	liángyào kǔkǒu lìyú bìng		第 4 课
凉茶包	liángchábāo	（名）	第 4 课
临行	línxíng	（动）	第 7 课
愣	lèng	（动）	第 7 课
礼品	lǐpǐn	（名）	第 8 课
临近	línjìn	（动）	第 8 课
琳琅满目	línláng-mǎnmù		第 8 课
辣椒	làjiāo	（名）	第 9 课
陵墓	língmù	（名）	第 10 课
领略	lǐnglüè	（动）	第 10 课
鲤鱼	lǐyú	（名）	第 14 课
靓	liàng	（形）	第 17 课
老板	láobǎn	（名）	第 17 课
礼轻情意重	lǐqīng qíngyì zhòng		第 18 课
腊味	làwèi	（名）	第 18 课
岭南	Lǐngnán	（名）	第 18 课

M

明白	míngbai	（动）	第 1 课
麻	má	（形）	第 2 课
马大哈	mǎdàhā	（名）	第 5 课
目的地	mùdìdì	（名）	第 6 课
满血复活	mǎnxuè fùhuó		第 7 课

卖弄	màinong	（动）	第 7 课
盟友	méngyǒu	（名）	第 7 课
莫名其妙	mòmíngqímiào		第 8 课
模棱两可	móléng-liǎngkě		第 9 课
目不转睛	mùbùzhuǎnjīng		第 10 课
目的	mùdì	（名）	第 13 课
民俗	mínsú	（名）	第 13 课
美轮美奂	měilún-měihuàn		第 14 课
名片	míngpiàn	（名）	第 14 课
冒险	màoxiǎn	（动）	第 14 课
满载而归	mǎnzài'érguī		第 15 课
目瞪口呆	mùdèng-kǒudāi		第 15 课
明码标价	míngmǎbiāojià		第 16 课
卖关子	mài guānzi		第 16 课
陌生人	mòshēngrén	（名）	第 17 课
漫长	màncháng	（形）	第 18 课
魅力	mèilì	（名）	第 18 课

N

难道	nándào	（副）	第 4 课
难怪	nánguài	（副）	第 6 课
嫩	nèn	（形）	第 9 课
腻口	nìkǒu	（形）	第 9 课
难以置信	nányǐ zhìxìn		第 9 课
鸟语花香	niǎoyǔ-huāxiāng		第 11 课
农历	nónglì	（名）	第 13 课
纽带	niǔdài	（名）	第 14 课

| 浓厚 | nónghòu | （形） | 第 17 课 |
| 念念不忘 | niànniàn-búwàng | | 第 18 课 |

P

普通	pǔtōng	（形）	第 3 课
便宜	piányi	（形）	第 3 课
品尝	pǐncháng	（动）	第 3 课
疲乏	pífá	（形）	第 7 课
迫不及待	pòbùjídài		第 12 课
频繁	pínfán	（形）	第 14 课
佩服	pèifu	（动）	第 14 课
批发	pīfā	（动）	第 15 课
普及	pǔjí	（动）	第 15 课

Q

轻声	qīngshēng	（形）	第 1 课
清热润肺	qīngrè-rùnfèi		第 2 课
强身健体	qiángshēn-jiàntǐ		第 2 课
气氛	qìfen	（名）	第 3 课
全面	quánmiàn	（名）	第 5 课
谦虚	qiānxū	（形）	第 9 课
奇特	qítè	（形）	第 9 课
骑楼	qílóu	（名）	第 9 课
清淡	qīngdàn	（形）	第 9 课
器具	qìjù	（名）	第 10 课
虔诚	qiánchéng	（形）	第 10 课
清新	qīngxīn	（形）	第 11 课
恰当	qiàdàng	（形）	第 11 课

七嘴八舌	qīzuǐbāshé		第 12 课
遣唐使	qiǎntángshǐ	（名）	第 14 课
翘大拇指	qiào dàmúzhǐ		第 15 课
欺骗	qīpiàn	（动）	第 16 课
轻佻	qīngtiāo	（形）	第 17 课
气息	qìxī	（名）	第 17 课
全方位	quánfāngwèi	（名）	第 18 课

R

如鱼得水	rúyúdéshuǐ		第 12 课
入乡随俗	rùxiāng-suísú		第 13 课

S

四声	sìshēng	（名）	第 1 课
食	shí	（动）	第 1 课
随意	suíyì	（形）	第 3 课
四肢无力	sìzhī wúlì		第 4 课
思乡情	sīxiāngqíng	（名）	第 4 课
省会	shěnghuì	（名）	第 5 课
时速	shísù	（名）	第 5 课
实际	shíjì	（形）	第 5 课
双程	shuāngchéng	（名）	第 5 课
甚至	shènzhì	（连）	第 6 课
擅长	shàncháng	（动）	第 7 课
塞车	sāichē	（动）	第 9 课
顺便	shùnbiàn	（副）	第 9 课
四通八达	sìtōng-bādá		第 9 课
色彩艳丽	sècǎi yànlì	（形）	第 9 课

爽滑顺口	shuǎnghuá shùnkǒu		第 9 课
数不胜数	shùbúshèngshù		第 10 课
奢华	shēhuá	（形）	第 10 课
算卦	suànguà		第 10 课
神圣	shénshèng	（形）	第 10 课
似乎	sìhū	（副）	第 11 课
四维	sìwéi	（名）	第 12 课
身临其境	shēnlínqíjìng		第 12 课
实在	shízài	（副）	第 14 课
丝绸	sīchóu	（名）	第 14 课
世代	shìdài	（名）	第 14 课
涉及	shèjí	（动）	第 15 课
顺手	shùnshǒu	（副）	第 15 课
说胡话	shuō húhuà		第 15 课
深刻	shēnkè	（形）	第 16 课
随处	suíchù	（副）	第 17 课
叔叔	shūshu	（名）	第 17 课
示好	shìhǎo	（动）	第 17 课
商业	shāngyè	（名）	第 17 课
善于	shànyú	（动）	第 17 课
实践	shíjiàn	（动）	第 17 课
手信	shǒuxìn	（名）	第 18 课
所谓	suǒwèi	（形）	第 18 课
首选	shǒuxuǎn	（动）	第 18 课

T

特别	tèbié	(形)	第2课
推荐	tuījiàn	(动)	第2课
特色	tèsè	(名)	第3课
头晕目眩	tóuyūn-mùxuàn		第4课
头痛	tóutòng	(形)	第4课
停车点	tíngchēdiǎn	(名)	第6课
特产	tèchǎn	(名)	第6课
同情	tóngqíng	(动)	第7课
体验	tǐyàn	(动)	第7课
提货	tíhuò	(动)	第8课
提醒	tíxǐng	(动)	第9课
天南海北	tiānnán-hǎiběi		第9课
通	tōng	(名)	第10课
统治者	tǒngzhìzhě	(名)	第10课
叹为观止	tànwéiguānzhǐ		第10课
退休	tuìxiū	(动)	第11课
调节	tiáojié	(动)	第11课
陶醉	táozuì	(动)	第11课
贴切	tiēqiè	(形)	第11课
特技	tèjì	(名)	第12课
桃花运	táohuāyùn	(名)	第13课
唐朝	tángcháo	(名)	第14课
投诉	tóusù	(动)	第16课
妥当	tuǒdang	(形)	第17课

调味品	tiáowèipǐn	（名）	第 18 课

U

U 形滑板	U xíng huábǎn		第 12 课

W

网上	wǎngshàng	（名）	第 1 课
网友	wǎngyǒu	（名）	第 1 课
旺	wàng	（形）	第 1 课
瓦煲	wǎbāo	（名）	第 2 课
无奈	wúnài	（动）	第 7 课
玩具	wánjù	（名）	第 8 课
婉转	wánzhuǎn	（形）	第 10 课
污染	wūrǎn	（动）	第 11 课
委屈	wěiqu	（形）	第 12 课
无师自通	wúshī-zìtōng		第 15 课

X

宵夜	xiāoyè	（动）	第 3 课
小吃摊	xiǎochītān	（名）	第 3 课
消费	xiāofèi	（动）	第 3 课
欣赏	xīnshǎng	（动）	第 3 课
效果	xiàoguǒ	（名）	第 4 课
向导	xiàngdǎo	（名）	第 6 课
心事重重	xīnshìchóngchóng		第 8 课
心事	xīnshì	（名）	第 8 课
细节	xìjié	（名）	第 8 课

衔接	xiánjiē	（动）	第 8 课
象牙	xiàngyá	（名）	第 10 课
遐想	xiáxiǎng	（动）	第 10 课
香客	xiāngkè	（名）	第 10 课
兴致	xìngzhì	（名）	第 11 课
兴奋	xīngfèn	（形）	第 12 课
幸亏	xìngkuī	（副）	第 12 课
牺牲	xīshēng	（动）	第 12 课
象征	xiàngzhēng	（动）	第 13 课
谐音	xiéyīn	（动）	第 13 课
迅猛	xùnměng	（形）	第 14 课
下载	xiàzài	（动）	第 15 课
详细	xiángxì	（形）	第 16 课
雄伟	xióngwěi	（形）	第 16 课
新颖	xīnyǐng	（形）	第 16 课
小蛮腰	xiǎományāo	（名）	第 16 课
限制	xiànzhì	（动）	第 17 课
消化	xiāohuà	（动）	第 17 课
信手	xìnshǒu	（副）	第 18 课
携带	xiédài	（动）	第 18 课
行李	xíngli	（名）	第 18 课

Y

一大早	yídàzǎo	（副）	第 1 课
音	yīn	（名）	第 1 课
严肃	yánsù	（形）	第 1 课

样	yàng	（量）	第1课
一部分	yíbùfen	（名）	第1课
异口同声	yìkǒu-tóngshēng		第1课
严肃	yánsù	（形）	第1课
移民	yímín	（名）	第2课
养生	yǎngshēng	（动）	第2课
一目了然	yímù-liǎorán		第3课
预防	yùfáng	（动）	第4课
炎热	yánrè	（形）	第4课
药丸	yàowán	（名）	第4课
预算	yùsuàn	（名）	第5课
一流	yīliú	（形）	第5课
预订	yùdìng	（动）	第5课
游览	yóulǎn	（动）	第5课
钥匙	yàoshi	（名）	第5课
邀请	yāoqǐng	（动）	第6课
遥远	yáoyuǎn	（形）	第6课
拥挤	yōngjǐ	（形）	第6课
羊城通	yángchéngtōng	（名）	第6课
悠闲	yōuxián	（形）	第6课
悠着	yōuzhe	（动）	第7课
游戏术语	yóuxì shùyǔ	（名）	第7课
拥堵	yōngdǔ	（动）	第7课
一条龙	yìtiáolóng	（名）	第8课
运营	yùnyíng	（动）	第8课

抑郁症	yìyùzhèng	（名）	第 9 课
要害	yàohài	（名）	第 9 课
悠久	yōujiǔ	（形）	第 10 课
原貌	yuánmào	（名）	第 10 课
悠扬	yōuyáng	（形）	第 10 课
掩饰	yǎnshì	（动）	第 12 课
遗憾	yíhàn	（形）	第 12 课
眼花缭乱	yǎnhuā-liáoluàn		第 12 课
勇敢	yǒnggǎn	（形）	第 12 课
预祝	yùzhù	（动）	第 13 课
樱花节	yīnghuājié	（名）	第 13 课
寓意	yùyì	（名）	第 13 课
意头	yìtou	（名）	第 13 课
营运	yíngyùn	（动）	第 16 课
羊城	yángchéng	（名）	第 16 课
眼见为实，耳听为虚	yǎnjiànwéishí, ěrtīngwéixū		第 16 课
优势	yōushì	（名）	第 17 课
一举两得	yìjǔ-liǎngdé		第 18 课

Z

早茶	zǎochá	（名）	第 1 课
皱眉	zhòuméi	（动）	第 1 课
盅	zhōng	（名）	第 1 课
这下	zhèxià	（代）	第 1 课
最佳	zuìjiā	（形）	第 2 课
中药	zhōngyào	（名）	第 2 课

知己	zhījǐ	（名）	第 3 课
作用	zuòyòng	（名）	第 4 课
足不出户	zúbùchūhù		第 5 课
组织	zǔzhī	（动）	第 6 课
转眼	zhuǎnyǎn	（动）	第 6 课
镇定	zhèndìng	（形）	第 9 课
珍品	zhēnpǐn	（名）	第 10 课
自古	zìgǔ	（副）	第 11 课
兆头	zhàotou	（名）	第 13 课
装饰	zhuāngshì	（动）	第 13 课
总算	zǒngsuàn	（副）	第 14 课
战利品	zhànlìpǐn	（名）	第 15 课
中国通	zhōngguótōng	（名）	第 15 课
中轴线	zhōngzhóuxiàn	（名）	第 16 课
尊重	zūnzhòng	（动）	第 17 课
职业	zhíyè	（名）	第 17 课
纸上谈兵	zhǐshàng-tánbīng		第 17 课
征求	zhēngqiú	（动）	第 18 课

专有名词

菜名

1. 白云凤爪	báiyún fèngzhǎo	第 1 课
2. 牛肉丸	niúròuwán	第 1 课
3. 山水豆腐	shānshuǐ dòufu	第 1 课

4. 云吞鸡	yúntūnjī	第1课
5. 金沙鹅	jīnshā'é	第1课
6. 肠粉	chángfěn	第1课
7. 炒田螺	chǎo tiánluó	第3课
8. 榨菜鸡蛋饼	zhàcài jīdànbǐng	第3课
9. 砂锅粥	shāguōzhōu	第3课
10. 濑尿虾	làiniàoxiā	第3课
11. 卤水掌亦	lǔshuǐ zhǎngyì	第3课
12. 腐乳通菜	fǔrǔ tōngcài	第3课
13. 云吞面	yúntūnmiàn	第9课
14. 艇仔粥	tǐngzǎizhōu	第9课
15. 干炒牛河	gānchǎo niúhé	第9课
16. 布拉肠粉	bùlā chángfěn	第9课
17. 萝卜牛腩	luóbo niúnǎn	第9课
18. 马蹄糕	mǎtígāo	第9课
19. 糯米鸡	nuòmǐjī	第9课
20. 云吞	yúntūn	第9课
21. 虾仁	xiārén	第9课

食品名

1. 老婆饼	lǎopóbǐng	第3课
2. 公仔饼	gōngzǎibǐng	第3课

地名

1. 广州	Guǎngzhōu	第1课
2. 意大利	Yìdàlì	第1课
3. 日本	Rìběn	第1课

4. 俄罗斯	Éluósī	第1课
5. 中国	Zhōngguó	第1课
6. 番禺	Pānyú	第6课
7. 增城	Zēngchéng	第6课
8. 花都	Huādū	第6课
9. 佛山	Fóshān	第6课
10. 一德路	Yīdé Lù	第8课
11. 荔湾区	Lìwān Qū	第8课
12. 海珠区	Hǎizhū Qū	第8课
13. 东南亚	Dōngnán Yà	第8课
14. 中东	Zhōngdōng	第8课
15. 海心沙	Hǎixīnshā	第11课
16. 长隆欢乐世界	Chánglóng Huānlè Shìjiè	第12课
17. 琶洲	Pázhōu	第14课
18. 南洋	Nányáng	第14课
19. 阿拉伯海	Ālābó Hǎi	第14课
20. 非洲	Fēizhōu	第14课

人名

马可·波罗	Mǎkě Bōluó	第14课

其他

1. 广交会	guǎngjiāohuì	第14课
2. 一带一路	yí dài yí lù	第14课